Angewandte Psychologie Kompakt

Peter Michael Bak, Köln, Deutschland
Reihenherausgeber
Georg Felser, Wernigerode, Deutschland
Reihenherausgeber
Christian Fichter, Zürich, Schweiz
Reihenherausgeber

Die Lehrbuchreihe „Angewandte Psychologie Kompakt" ist in einzigartiger Weise anwendungsorientiert. Sie ist vor allem konzipiert für Studierende und Lehrende der Psychologie und angrenzender Disziplinen, die Grundlegendes in kompakter, übersichtlicher und praxisnaher Form verstehen wollen.

Jeder Band bietet eine ideale Vorbereitung für Vorlesungen, Seminare und Prüfungen:

1. Die Bücher bieten einen ebenso fundierten wie angenehm lesbaren Überblick über die wichtigsten psychologischen Theorien und Konzepte.
2. Durch sorgfältige Didaktik, Klausurfragen, digitale Zusatzmaterialien und Zusammenfassungen wird die Prüfungsvorbereitung wesentlich erleichtert.
3. Einzigartig sind die zahlreichen Anwendungsbeispiele, die das Verständnis für grundlegende psychologische Zusammenhänge und deren Erscheinungsformen in der Praxis fördern und leichter im Gedächtnis verankern.

Besseres Verständnis in der Lehre und für die Anwendung:

Die Lehrbuchreihe bietet eine perfekte Einführung für das Studium mit starkem Anwendungsbezug. Durch die lebendige und praxisnahe Vermittlung des Lernstoffs wird nicht nur Fachwissen erworben, sondern auch die Lust geweckt, das Gelernte in verschiedenen Kontexten anzuwenden.

Herausgegeben von
Prof. Dr. Peter Michael Bak
Hochschule Fresenius
Prof. Dr. Georg Felser
Hochschule-Harz
Prof. Dr. Christian Fichter
Kalaidos Fachhochschule

Weitere Bände in der Reihe: http://www.springer.com/series/16408

Peter Michael Bak

Lernen, Motivation und Emotion

Allgemeine Psychologie II – das Wichtigste,
prägnant und anwendungsorientiert

 Springer

Peter Michael Bak
Psychology School
Hochschule Fresenius
Köln, Deutschland

Zusätzliches Material zu diesem Buch finden Sie auf. http://www.lehrbuch-psychologie.
springer.com.

ISSN 2662-4451   ISSN 2662-446X   (electronic)
Angewandte Psychologie Kompakt
ISBN 978-3-662-59690-6   ISBN 978-3-662-59691-3   (eBook)
https://doi.org/10.1007/978-3-662-59691-3

Die Deutsche Nationalbibliothek verzeichnet diese Publikation in der Deutschen Nationalbibliografie;
detaillierte bibliografische Daten sind im Internet über http://dnb.d-nb.de abrufbar.

Springer
© Springer-Verlag GmbH Deutschland, ein Teil von Springer Nature 2019

Einbandabbildung: © venimo / stock.adobe.com

Springer ist ein Imprint der eingetragenen Gesellschaft Springer-Verlag GmbH, DE und ist ein Teil von
Springer Nature.
Die Anschrift der Gesellschaft ist: Heidelberger Platz 3, 14197 Berlin, Germany

Vorwort

Wann haben Sie sich das letzte Mal für ein Ziel angestrengt? Welche Fertigkeiten und Fähigkeiten waren dafür nötig? Haben Sie dabei etwas gelernt? Was haben Sie dafür getan? Wurden Sie bei der Zielverfolgung häufig abgelenkt oder sind Sie nicht vorangekommen, weil es andere Dinge gab, die interessanter waren? Und wie haben Sie sich während des Tuns gefühlt und wie danach? Diese Fragen umreißen knapp die Themengebiete, um die es im Folgenden gehen soll: erstens das Thema Lernen, das sich, grob gesagt, mit dem Erwerb von Verhaltensweisen beschäftigt, zweitens Motivation, also die Frage, warum wir etwas tun und was uns dabei antreibt und drittens das Thema Emotionen, bei dem es hauptsächlich um die Entstehung, Bedeutung und Funktion von Gefühlen geht. Ob Wissenschaft oder Praxis, die hier im Fokus stehenden Themen sind die Grundlage psychologischer Beschreibungen, Erklärungen und Anwendungskonzepte. Die Themen Lernen, Motivation und Emotionen sind miteinander verbundene zentrale Funktionsbereiche unseres Erlebens und Verhaltens.

Wir werden uns zunächst in ▶ Kap. 1, 2, 3 und 4 dem Lernen zuwenden. Hier werden wir grundlegende Theorien und Konzepte beispielsweise zum Konditionierungslernen oder Beobachtungslernen kennenlernen. Auch die gerade für die Praxis wichtige Unterscheidung zwischen dem Lernprozess einerseits und der Anwendung andererseits wird uns mehrfach dabei begegnen. Nicht immer nämlich zeigen wir auch, was wir gelernt haben. Oft hängt es auch von der entsprechenden Motivation ab, das zu tun. Damit werden wir uns dann in ▶ Kap. 5, 6, 7, 8, 9 und 10 näher beschäftigen. Auch hier stehen grundlegende Theorien wie etwa die Triebtheorie, die sehr einflussreiche Feldtheorie oder die Erwartungswerttheorien im Mittelpunkt. Schließlich wenden wir uns in ▶ Kap. 11, 12 und 13 dem großen Thema Emotionen zu. Dabei werden wir genauer untersuchen, was Emotionen eigentlich sind, wie sie entstehen und wie wir mit unseren Emotionen umgehen.

Es geht aber nicht nur darum, Theorien vorzustellen. Vielmehr wollen wir Studierenden der Psychologie und benachbarter Fächer, aber auch interessierten Laien, ein Arbeitsbuch zur Verfügung stellen, das sich weniger der Vollständigkeit oder thematischen Tiefe verpflichtet sieht, als vielmehr der Vermittlung von Grundlagenwissen mit viel Praxisbezug. In jedem Kapitel finden sich unter der Rubrik „Blick in die Praxis" konkrete Anwendungsbeispiele zu den besprochenen Inhalten. Wer sein Wissen weiter vertiefen möchte, kann dies anhand der in jedem Kapitel aufgeführten Literaturhinweise tun. Zum Wiederholen und Lernen dienen eine stichwortartige Zusammenfassung, eine Auflistung der wichtigsten Begriffe sowie Klausurfragen, die jeweils am Kapitelende aufgeführt sind.

Hören Sie hier ein paar Vorbemerkungen zu den im Buch vorgestellten Konzepten und Theorien

Es würde mich freuen, wenn die Beschäftigung mit den hier vorgestellten Themen der Freude und Lust an der Auseinandersetzung mit der Wissenschaft Psychologie zuträglich wäre, oder sie – wenn noch nicht vorhanden – zumindest anregt. Ich wünsche Ihnen viel Freude beim Lesen und freue mich auf Ihre Rückmeldungen!

Peter Michael Bak
Saarbrücken
Oktober 2019

Inhaltsverzeichnis

III   Emotionen

Lernmaterialien zum Lehrbuch *Lernen, Motivation und Emotion* im Internet – www.lehrbuch-psychologie.springer.com

Peter Michael Bak

Lernen, Motivation und Emotion

Allgemeine Psychologie für das Bachelorstudium, mit einem Geleitwort von

Springer

- **Zum Lernen, Üben und Vertiefen – das Lerncenter:** Zum Lernen und Selbsttesten – und diversen Extras
- **Für die Lehre – fertig zum Download:** **Abbildungen** und **Tabellen** für Dozentinnen und Dozenten zum Download

Weitere Websites unter ▶ www.lehrbuch-psychologie.springer.com

Joachim Hoffmann · Johannes Engelkamp

Lern- und Gedächtnis- psychologie

2. Auflage

EXTRAS ONLINE   *Springer*

- Karteikarten: Prüfen Sie Ihr Wissen
- Zusammenfassungen der 10 Buchkapitel
- Verständnisfragen und Antworten
- Glossar der wichtigsten Fachbegriffe
- Dozentenmaterialien: Abbildungen und Tabellen

Veronika Brandstätter · Julia Schüler
Rosa Maria Puca · Ljubica Lozo

Motivation und Emotion

Allgemeine Psychologie für Bachelor

2. Auflage

Springer

- Vollständige Kapitel im MP3-Format zum kostenlosen Download
- Karteikarten: Prüfen Sie Ihr Wissen
- Glossar mit über 100 Fachbegriffen
- Verständisfragen und Antworten
- Foliensätze sowie Tabellen und Abbildungen für Dozentinnen und Dozenten zum Download

Lernen

Inhaltsverzeichnis

Lernen und Performanz

© Springer-Verlag GmbH Deutschland, ein Teil von Springer Nature 2019
P. M. Bak, *Lernen, Motivation und Emotion*, Angewandte Psychologie Kompakt,
https://doi.org/10.1007/978-3-662-59691-3_1

1

Lernziele

- Erklären können, wie Lernen in der Lernpsychologie zu verstehen ist
- Den Unterschied zwischen Lernen und Performanz erkennen und in seiner Bedeutung für die Praxis erklären können
- Den grundlegenden Aufbau eines Lernexperiments kennen

Einführung

Es ist schon erstaunlich, was wir so alles im Laufe der Zeit gelernt haben, Fahrradfahren zum Beispiel. Was uns vielleicht heute ganz selbstverständlich erscheint, war irgendwann einmal eine kaum lösbare Aufgabe. Wir mussten Schritt für Schritt lernen, das Gleichgewicht zu halten, gleichzeitig in die Pedale zu treten und dann auch noch den Lenker so zu halten, dass wir in die gewünschte Richtung fahren. Wie heißt es so schön: Übung macht den Meister! Wir haben aber nicht nur durch Übung gelernt, sondern manches einfach dadurch, dass wir bestimmte, womöglich nur einmalige Erfahrungen gemacht haben. So mag es ausreichen, ein einziges Mal mit der Hand eine heiße Herdplatte berührt zu haben, um das in Zukunft ein für alle Mal zu vermeiden. Viele Verhaltensweisen sind, wie wir noch sehen werden, ein Ergebnis von Lernprozessen.

Verhalten bzw. Verhaltenspotenzial

Lernen, so sollen diese Beispiele zeigen, ist eine grundlegende menschliche Fähigkeit. Wir lernen immer und überall. Als Kleinkinder lernen wir zu laufen und zu sprechen. Später lernen wir dann Spielregeln, Radfahren, Schwimmen, Technik, Computerprogramme, Sprachen etc. Lernen, so wie es in der Lernpsychologie behandelt wird, meint weniger das Lernen von Wissen oder Inhalten, wie dies z. B. beim Lernen von Vokabeln geschieht. Das ist eher Gegenstand der Gedächtnispsychologie. Wir werden uns stattdessen mit einer besonderen Form des Lernens beschäftigen, nämlich dem Lernen von Verhalten. Wenn wir hier im Folgenden also von Lernen sprechen, dann meinen wir damit eine nachhaltige und langfristige Veränderung im *Verhalten* bzw. im *Verhaltenspotenzial*. Mit dieser Definition grenzen wir Lernen auch gegen kurzfristige Verhaltensänderungen ab, die z. B. durch Müdigkeit entstehen. Auch *Reifung* als Vervollkommnung eines biologischen Plans ist kein Lernen. Lernen meint im vorliegenden Kontext also, dass durch eine Intervention ein neues Verhalten bzw. Verhaltenspotenzial akquiriert wurde. Verhaltenspotenzial meint dabei, dass Lernen sich nicht notwendigerweise direkt in einem veränderten Verhalten ausdrückt. Vielmehr müssen wir zwischen *Lernen* einerseits und *Performanz* (Ausführung) andererseits unterscheiden. Nicht immer zeigen wir nämlich alles, was wir gelernt haben. Ob dies geschieht, hängt von vielen Faktoren ab, z. B. ob wir für das Verhalten belohnt oder bestraft werden, ob wir überhaupt in der Lage dazu sind, das Gelernte auszuführen oder motiviert sind, das Gelernte in die Tat umzusetzen. Für denjenigen, der prüfen möchte, ob gelernt wurde, z. B. einen Trainer, ist das ein Problem. Denn wir können nur dann mit Bestimmtheit sagen, dass etwas gelernt wurde, wenn es sich auch im Verhalten zeigt. Die Messung von Lernprozessen ist also mitunter schwierig, da wir ohne vorliegendes Verhalten keine Auskunft darüber geben können, was gelernt wurde. Was aber, wenn wir genau das wissen möchten, etwa wenn es darum geht, die Eignung einer Person für die Ausübung einer bestimmten Arbeitsstelle zu prüfen? In solchen Fällen mag es besonders günstig sein, die Person nicht nur nach ihren Fähigkeiten zu fragen, sondern ihr entsprechende Aufgaben und Randbedingungen vorzugeben, von denen man sich erhofft, dass Gelerntes angewandt und damit sichtbar und prüfbar wird.

Blick in die Praxis: Lernen und Performanz

Die Unterscheidung zwischen Lernen und Performanz ist also wichtig, wenn es darum geht, zu prüfen, ob Personen tatsächlich etwas gelernt haben. Nur zu beobachten, ob die Personen das Gelernte auch ausführen, reicht dafür nicht aus. Es besteht die Möglichkeit, dass die Personen das Gelernte nicht zeigen können oder wollen. Dies wird beispielsweise in der Medienpsychologie relevant, wenn es darum geht zu analysieren, ob gewalttätige Medieninhalte zu Gewalt führen. Wenn ein Kind nach dem Konsum von Mediengewalt selbst nicht aggressiv wird, dann bedeutet das noch lange nicht, dass es nicht zu anderer Zeit und anderer Stelle deswegen aggressiv werden kann, z. B. wenn es unter anderen Umständen Belohnung dafür erwarten kann, soziale Anerkennung beispielsweise. Auch im Sport mag häufig die Motivation fehlen, Gelerntes in die Tat umzusetzen, etwa weil der Anreiz dies zu tun zu gering ist und im Arbeitskontext wird der eine oder andere nur dann sein Können zeigen, wenn er sich denn für den Einsatz auch entsprechend entlohnt findet. Der Unterschied zwischen Lernen einerseits und Performanz ande-

1

rerseits ist auch ein Hintergedanke bei der Durchführung eines sogenannten *Assessment-Centers*. Es wird häufig eingesetzt, wenn es um die Besetzung einer Arbeitsstelle geht und man geeignete Kandidaten dafür auswählen möchte. Bei diesem Verfahren handelt es sich vereinfacht gesagt um eine Arbeitssimulation. Anhand von konkreten Aufgaben soll durch geschulte Beobachter festgestellt werden, ob und wie ein Kandidat mit konkreten Arbeitsaufträgen umgeht. Kann er die Aufgaben lösen und wie macht er das? Mit anderen Worten, anhand des Assessment-Centers möchte man die Performanz testen.

Im Fokus der Lernpsychologie steht die systematische Untersuchung von Lernprozessen. Wie lernen wir? Welche Voraussetzungen müssen dafür erfüllt sein? Wann lernen wir besonders gut? Wie verlernen wir?

Lernphase vs. Abrufphase

Lernprozesse werden häufig anhand experimenteller Studien untersucht. Ein typisches Experiment zum Lernen besteht dabei aus einer *Lernphase* und einer *Abrufphase*. Dabei wird noch unterschieden, ob die Probanden wissen, dass sie etwas lernen müssen, sie also *absichtlich lernen,* oder ob untersucht werden soll, ob und wie viel die Probanden unabsichtlich, nebenbei lernen. Der Fachausdruck dafür ist *inzidentelles Lernen.* Auch in der Abrufphase kann man unterscheiden, ob die Probanden das Gelernte absichtlich abrufen (erinnern) sollen, oder ob man ohne explizite Instruktion untersucht bzw. darauf schließt, was die Probanden gelernt haben.

Lernen an sich kann dabei auf ganz unterschiedliche Art und Weise erfolgen. Häufig sind es Assoziationen, die dem Lernprozess zugrunde liegen. Mit *assoziativem Lernen* bezeichnen wir allgemein jene Formen des Lernens, bei denen Ereignisse, Reize, Verhaltensweisen etc. als zusammengehörig erkannt, wahrgenommen oder interpretiert werden. Im engeren Sinne wird unter assoziativem Lernen die *klassische* und die *operante Konditionierung* verstanden. Von solchen Lernformen grenzt man das *nichtassoziative Lernen* ab. Gemeint ist damit Lernen, das ohne Verknüpfung von zwei Reizen oder von Reiz und Reaktion auskommt, wie es etwa bei der *Habituation* der Fall ist. Habituation bedeutet, dass der Organismus z. B. durch permanente Reizdarbietung lernt, nicht mehr zu reagieren. Außerdem können insbesondere wir Menschen auch dadurch lernen, dass wir beobachten, was andere tun oder was ihnen widerfährt: Wir lernen ohne unmittelbare eigene Erfahrung, durch Beobachtung eines *Modells*. Aber eins nach dem anderen. Betrachten wir im folgenden Kapitel zunächst das assoziative Lernen etwas genauer.

❓ Prüfungsfragen

1. Was verstehen Psychologen unter dem Begriff des Lernens?
2. Warum ist es schwierig, Lernen nachzuweisen?
3. Was könnten Gründe dafür sein, dass das Gelernte nicht gezeigt wird?
4. Warum ist der Unterschied zwischen Lernen und Performanz so wichtig?
5. Welche Phasen unterscheidet man typischerweise bei Lernexperimenten?
6. Was ist der Unterschied zwischen absichtlichem Lernen und inzidentellem Lernen? Geben Sie für jede Lernform ein Beispiel.
7. Worin unterscheidet sich Habituation vom assoziativen Lernen?

Zusammenfassung

‒ Lernen ist ein erfahrungsbasierter Prozess, der in einer relativ überdauernden Veränderung des Verhaltens oder des Verhaltenspotenzials resultiert.
‒ Der Lernprozess selbst kann nicht beobachtet werden, nur das veränderte Verhalten.
‒ Nicht alles, was gelernt wird, zeigt sich auch im Verhalten. Daher ist die Unterscheidung zwischen Lernen und Performanz wichtig.
‒ Man unterscheidet assoziatives Lernen, nicht assoziatives Lernen und Modelllernen.
‒ Ein Experiment zum Lernen besteht aus einer Lernphase und einer Abrufphase.
‒ Man kann absichtlich lernen oder beiläufig (inzidentelles Lernen).

Schlüsselbegriffe

Abrufphase, assoziatives Lernen, Habituation, inzidentelles Lernen, Lernen, Lernphase, Performanz, Verhalten

Assoziatives Lernen

© Springer-Verlag GmbH Deutschland, ein Teil von Springer Nature 2019
P. M. Bak, *Lernen, Motivation und Emotion*, Angewandte Psychologie Kompakt,
https://doi.org/10.1007/978-3-662-59691-3_2

2

Lernziele

- Die grundlegenden Paradigmen der klassischen und operanten Konditionierung theoretisch wie auch anhand von Praxisbeispielen erklären können
- Unterschiede der beiden theoretischen Konzeptionen erkennen und an Beispielen verdeutlichen können
- Faktoren, die für Lernen förderlich bzw. hinderlich sind, benennen können
- Begriffe wie Diskriminierung und Generalisierung mit Blick auf die klassische und operante Konditionierung erklären können
- Das Prinzip der Blockierung mit Rückgriff auf das Rescorla-Wagner-Modell und anhand von Alltagsbeispielen erklären können
- Spezialfälle des Lernens wie das Lernen komplexer Verhaltensweisen, Vermeidungslernen und die erlernte Hilflosigkeit beschreiben und anhand von Praxisbeispielen erläutern können

Einführung

Es sind vor allem zwei theoretische Konzeptionen und dazugehörige Studien, die unser Verständnis vom assoziativen Lernen geprägt haben. Zum einen kennen wir das *klassische Konditionierungslernen*, das durch das „Experiment mit dem Hund und der Glocke" des russischen Mediziners und Physiologen Ivan Petrovič Pavlov (1849–1936) weltbekannt wurde. Anhand dieses Experiments kann man aufzeigen, wie die Bedeutung von Reizen gelernt wird. Zum anderen ist die *operante Konditionierung* zu nennen, die die Grundlage der *behavioristischen Lerntheorie* bildet und von Forschern wie Clark Hull oder Burrhus Skinner weiterentwickelt wurde. Sie erklärt, wie wir durch die Konsequenzen unseres Verhaltens lernen.

2.1 Klassische Konditionierung

„Black Box"

Übereinstimmend haben behavioristische Theorien nur das Verhalten als Reaktion auf die Umwelt betrachtet. Innerpsychische Prozesse sind eine „Black Box" und wurden, da sie nicht beobachtbar sind, bei der Erklärung von Verhalten ausgeklammert.

Gefühle, Gedanken oder Erwartungen finden sich daher typischerweise in behavioristischen Verhaltenserklärungen nicht. Erst mit der kognitiven Wende, die sich Ende der 1960er-Jahre allmählich vollzog, rückten mentale Ausdrücke und Erklärungen in den Vordergrund der wissenschaftlichen Auseinandersetzung. Dies muss bei den nachfolgenden Ausführungen insofern berücksichtigt werden, als zwar viele der behavioristischen Befunde und Erklärungsansätze bis heute große Bedeutung haben und empirisch gut gesichert sind, mittlerweile jedoch in kognitive Modelle „übersetzt" wurden.

Betrachten wir als erstes eines der berühmtesten psychologischen Experimente überhaupt, das „Experiment mit dem Hund und der Glocke" von Pavlov (1927). Ausgangsbasis für diese Studien war eine natürliche Reiz-Reaktions-Assoziation. Pavlov beobachtete, dass Hunde beim Anblick ihres Futters mit Speichelfluss reagierten. Offensichtlich besteht eine natürliche Verbindung zwischen dem Futter (es wird hier als *unkonditionierter*, d. h. „ungelernter" *Stimulus* bezeichnet; Abkürzung US; vgl. ◨ Abb. 2.1 [1]) und dem Speichelfluss (= *unkonditionierte Reaktion*; UR). Auf andere Reize, z. B. das Ertönen einer Glocke (= *neutraler Stimulus*; NS) erfolgt bis auf eine Orientierungsreaktion keine spezifische Reaktion des Hundes (vgl. ◨ Abb. 2.1 [2]). Die Glocke hat keinerlei Bedeutung für den Hund, also warum sollte er auch in besonderer Weise darauf reagieren. Pavlov beobachtete nun, dass sich bei wiederholtem Erklingen der Glocke kurz vor der Verabreichung des Futters (vgl. ◨ Abb. 2.1 [3]) der ursprünglich bedeutungslose Stimulus allmählich veränderte. Nach einigen Durchgängen verlor die Glocke ihren neutralen Charakter.

Konditionierte und unkonditionierte Stimuli und Reaktionen

◨ **Abb. 2.1**   Grundprinzip der klassischen Konditionierung. (© Claudia Styrsky)

2

Durch die wiederholte gleichzeitige Darbietung von neutralem Stimulus und unkonditioniertem Stimulus war eine Assoziation entstanden, die aus dem vormals neutralen Stimulus nun einen Stimulus mit Bedeutung, mit Vorhersagekraft machte. Die Glocke kündigt nun den unkonditionierten Stimulus (Futter) an und erhielt dadurch eine gleiche oder ähnliche Bedeutung wie das Futter selbst. Hat der Hund nämlich erst einmal die Assoziation zwischen neutralem Stimulus und unkonditioniertem Stimulus gelernt, dann reicht bereits die Darbietung des ehedem neutralen Stimulus aus, um die entsprechende Reaktion (Speichelfluss) auszulösen (vgl. ◘ Abb. 2.1 [4]), und zwar genau so, wie es vorher der unkonditionierte Stimulus getan hat. Der neutrale Stimulus ist nun zum *konditionierten*, d. h. gelernten Stimulus geworden (KS). Auch der Speichelfluss ist nun keine natürliche Reaktion mehr auf das Futter, sondern eine erlernte, *konditionierte Reaktion* (KR), da sie ja auf die Glocke folgt. Genau genommen spricht man bei dem hier geschilderten Vorgehen von einer *Konditionierung 1. Ordnung*. Dabei wird ein neutraler Stimulus (NS) mit einem unkonditionierten Stimulus (US) gepaart und wird zum konditionierten Stimulus (KS). Koppelt man im Anschluss daran einen weiteren neutralen Stimulus mit dem KS, handelt es sich um eine *Konditionierung 2. Ordnung*. Grundlage ist dann also keine natürliche Verbindung mehr zwischen US und UR, sondern eine gelernte Assoziation. Man könnte also beispielsweise die Darbietung der Glocke mit der Darbietung eines schwarzen Schildes assoziieren, so dass dann das Schild die Glocke zuverlässig vorhersagt und die Reaktion, die ursprünglich auf die Glocke erfolgte, nun bereits durch das schwarze Schild ausgelöst wird. Auf diesem Weg kommt man auch zu Konditionierungen noch höherer Ordnung.

Dass das Konditionierungslernen auch beim Menschen gut und einfach gelingt, wurde u. a. durch Experimente mit dem natürlichen Lidschlussreflex gezeigt (z. B. Frey und Ross 1968). Unser Augenlid schließt sich durch einen Luftzug automatisch und schützt damit das Auge. Dieser Schutzmechanismus stellt eine natürliche Verbindung zwischen Reiz und Reaktion dar, die sich für Konditionierungszwecke gut nutzen lässt. Bietet man Versuchspersonen vor dem Luftstoß (US) einen Ton (NS) dar, so führt dies nach kurzer Zeit dazu, dass sich der Lidschlussreflex (UR) auch dann zeigt, wenn statt des Luftstoßes nur der Ton (jetzt KS) dargeboten wird. Neben dieser experimentellen Demonstration von Konditionierungseffekten lassen sich aber auch viele andere, alltägliche Erlebens- und Verhaltensweisen auf die Konditionierung zurückführen, z. B. Ekel, Furcht oder auch die Bedeutung von Geld.

Blick in die Praxis: Konditionierung in der Schule

Die meisten von uns kennen die Prinzipien der klassischen Konditionierung aus vielen Alltagssituationen. Häufig merken wir jedoch gar nicht, dass wir nach diesem Prinzip gelernt haben – etwa in der Schule. In den ersten Schulwochen werden die Kinder regelmäßig beim Ertönen der Pausenklingel darauf hingewiesen, die Schulsachen aufzuräumen. Nach einiger Zeit räumen die Kinder ihre Sachen beim Ertönen der Klingel auch ohne verbale Aufforderung auf. Die Klingel ersetzt ganz einfach die Aufforderung.

Hören Sie hier ein weiteres Beispiel zum Thema Konditionierung im Alltag

2.1.1 Bedeutungstransfer und evaluative Konditionierung

Eine Variante des Konditionierungslernens ist die *evaluative Konditionierung*. In diesem besonderen Fall werden emotionale Bedeutungen durch klassische Konditionierung gelernt. So erhält ein emotional neutraler Reiz durch die gleichzeitige Darbietung eines emotionalen Stimulus dessen emotionale Bedeutung. Viele Ängste haben wir auf diesem Weg erlernt. Für ältere Leute, die noch die Luftangriffe des 2. Weltkrieges erlebt haben, ist beispielsweise das Sirenengeheul mit großer Furcht verbunden.

Das Prinzip der klassischen Konditionierung kann so verallgemeinert werden: Wenn zwei Objekte gleichzeitig oder in raum-zeitlicher Nähe präsentiert werden, dann kann es zu einer (wechselseitigen) Bedeutungsübertragung kommen. Dieser *Bedeutungstransfer* findet beiläufig in vielen Situationen statt. Angefangen von sozialen Phänomenen, etwa, dass wir Personen, die wir bei wichtigen anderen Personen stehen sehen, ebenfalls als wichtig ansehen, bis hin zur Werbung, in der durch Assoziationsbildung Wünsche für eigentlich irrelevante oder unbedeutende Produkte geweckt werden. An dieser Stelle darf der Hinweis nicht fehlen, dass diskutiert wird, ob klassische und evaluative Konditionierung tatsächlich auf denselben Lernmechanismen beruhen. Insbesondere geht es dabei um die Frage, ob die evaluative Kondi-

Konditionierung ist die Grundlage für Bedeutungstransfer

2

tionierung im Vergleich zur klassischen Konditionierung auch ohne Aufmerksamkeit auskommt (vgl. z. B. dazu Olson und Fazio 2001; Kattner 2012).

Blick in die Praxis: Bedeutungstransfer in der Werbung

Dass das Prinzip der klassischen bzw. evaluativen Konditionierung in der Werbung gut funktioniert, zeigen die bekannten HOBA-Experimente (z. B. Kroeber-Riel und Weinberg 2003). Dafür wurde die HOBA-Seife erfunden, ein neues Produkt, das zunächst keinerlei Bedeutung für die Versuchspersonen haben konnte. Wurde ein HOBA-Werbebild jedoch wiederholt mit erotischen, glücklichen, erlebnisreichen Werbebotschaften gezeigt, dann wurden diese Eigenschaften später der HOBA-Seife selbst zugeschrieben. Die Bedeutung der kontextuellen Informationen übertrug sich damit auf das ursprünglich neutrale Produkt.

Dass dies auch bei Produkten passiert, die bereits eine bestimmte Bedeutung besitzen, also keineswegs mehr neutral sind, das zeigen die Experimente von Miller und Allen (2012), in denen eine bereits bekannte Marke mit Berühmtheiten (Paris Hilton, Angelina Jolie etc.) dargeboten wurde. Auch hier konnte demonstriert werden, dass die Marken zunehmend Eigenschaften der Modelle übernahmen. Das Wort Model kommt also in der Werbung nicht von ungefähr.

2.1.2 Generalisierung, Diskriminierung und Inhibition

In dem Experiment von Pavlov wurde ein bestimmter Stimulus, die Glocke, mit Bedeutung aufgeladen. Was passiert nun, wenn eine andere Glocke ertönt? Wenn dadurch nun ebenfalls die konditionierte Reaktion (KR) ausgelöst wird, dann sprechen wir von *Generalisierung*. Allgemein gilt dabei: Je ähnlicher ein anderer Stimulus dem KS ist, desto eher wirkt sich auch hier die gelernte Assoziation aus. Die klassische Konditionierung kann darüber hinaus auch zur *Reizdiskriminierung* genutzt werden. Folgt nämlich auf einen „Stimulus 1" (KS) verlässlich ein US und folgt auf einen „Stimulus 2" niemals der US, dann zeigt sich die KR nur auf den KS, nicht aber auf die Darbietung von „Stimulus 2", selbst wenn dieser dem KS ähnlich ist. Es wurde gelernt, die beiden Reize zu unterscheiden (zu diskriminieren). In diesem Fall hemmt (inhibiert) „Stimulus 2" die auf „Stimulus 1" gelernte Assoziation. Für Konditionierungslernen ist außerdem ein zeitlich-örtliches Zusammentreffen von KS und US (*Kontiguität*) wichtig, damit überhaupt gelernt wird.

2.2 Operante Konditionierung

Die zweite bedeutsame Form des Assoziationslernens ist die *operante Konditionierung* (synonym dafür ist *instrumentelle Konditionierung*). Ausgangslage für deren Entdeckung waren die Tierexperimente von Edward Lee Thorndike (1874–1949). Dieser hatte zu Ende des 19. Jahrhunderts die folgende Versuchsanordnung realisiert. Er sperrte Katzen in einen Käfig und platzierte außerhalb davon Futter. Gelang es nun einer Katze, sich aus dem Käfig zu befreien, um an das Futter zu kommen, dann wiederholte sie dieses erfolgreiche Verhalten auch in der Folgezeit. Dieses als „*Gesetz der Erfahrung*" (*law of effect*) bekannt gewordene Phänomen (Thorndike 1898), stellt einen sehr bedeutsamen Lernmechanismus dar, der später im Zusammenhang mit Experimenten zum operanten Konditionieren systematisch untersucht wurde. Allgemein spricht man von operanter Konditionierung, wenn man damit Lernen als Folge der Verhaltenskonsequenz meint. Es lässt sich nämlich beobachten, dass man die Wahrscheinlichkeit für das Auftreten eines bestimmten Verhaltens durch unterschiedliche Konsequenzen verändern kann. Betrachten wir diesen Prozess etwas genauer.

Die Ausgangslage für Studien zum operanten Konditionieren ist ein zufälliges Verhalten. Wird dieses nun verstärkt, zieht es also erlebte Konsequenzen nach sich, so kann sich dadurch die Auftretenswahrscheinlichkeit verändern. Als *Verstärker* werden alle Reize bezeichnet, deren Hinzufügen oder Entfernen die Verhaltenswahrscheinlichkeit beeinflusst. Man kann vier verschiedene Verstärkungsarten unterscheiden. Unter *positiver Verstärkung* versteht man, dass eine Verhaltensweise durch das Hinzufügen eines positiven Reizes belohnt wird. Bei der *negativen Verstärkung* wird ein Verhalten durch die Wegnahme eines unangenehmen Reizes belohnt. Das Hinzufügen eines unangenehmen Reizes bezeichnet man als *Bestrafung 1. Art*. Die Wegnahme eines angenehmen Reizes wird als *Bestrafung 2. Art* bezeichnet (vgl. ◘ Tab. 2.1).

Gesetz der Erfahrung

Belohnung und Bestrafung

◘ **Tab. 2.1** Übersicht der verschiedenen Verstärkungsarten

	Positive Konsequenz	**Negative Konsequenz**
Hinzufügen	Positive Verstärkung	Bestrafung 1. Art
Entfernen	Bestrafung 2. Art	Negative Verstärkung

2

Primäre und sekundäre
Verstärker

Häufig findet man auch noch die Unterscheidung von *primä-rem* und *sekundärem Verstärker*. Primäre Verstärker sind dabei unkonditionierte Verstärker wie Nahrung und Schmerzen. Sekundäre Verstärker sind – mittels klassischer Konditionierung – mit primären Verstärkern assoziierte Reize wie beispielsweise Geld. Ein wichtiger Unterschied zwischen der klassischen und der operanten Konditionierung besteht darin, dass bei der klassischen Konditionierung eine *Reiz-Reiz-Assoziation* gelernt wird, bei der operanten Konditionierung dagegen eine *Verhaltens-Wirkungs-Assoziation*.

Blick in die Praxis: Münzverstärkung

In unserem Alltag finden sich an vielen Stellen Beispiele für die Wirkung der operanten Konditionierung. So gehören Belohnung und Bestrafung zum üblichen Repertoire der Kindererziehung oder der Verhaltenstherapie. Insbesondere die Münzverstärkung (*token economy*) findet hier in unterschiedlichen Kontexten Anwendung. Erwünschtes Verhalten wird dabei stellvertretend und auf symbolische Weise, in Form von Spielmünzen, Sternchen etc. verstärkt. Hintergrund dafür ist, dass eine unmittelbare Verstärkung häufig nicht möglich oder aus anderen Gründen nicht zielführend ist. Ein Kind im Klassenverband etwa dadurch zu belohnen, dass es für konzentriertes Arbeiten Süßigkeiten bekommt, wäre nicht besonders günstig. Aber auch im sozialen Kontext oder im Berufsleben gibt es positive oder negative Sanktionen, je nach Verhalten. Bonuszahlungen nach besonders erfolgreichen Jahren, Kundenkarten mit Punktesystem, Rabattaktionen oder Lob und Tadel sind allesamt Beispiele für effektive operante Konditionierung.

2.2.1 Generalisierung, Diskriminierung und Inhibition

Systematische
Desensibilisierung

Ähnlich wie bei der klassischen Konditionierung lassen sich auch bei der operanten Konditionierung Effekte der Generalisierung, Diskriminierung und Inhibition nachweisen. Generalisierung bezeichnet dabei den Umstand, dass das gelernte Verhalten nicht nur in einer bestimmten Situation gezeigt wird, sondern in vielen ähnlichen Situationen, z. B. wenn Kinder sich nicht nur zu Hause, sondern generell gut benehmen. Wird ein Verhalten dagegen nur in einer Situation bekräftigt, in einer anderen Situation dagegen nicht bzw. sogar bestraft, dann resultiert daraus situationsspezifisches Verhalten. In diesem Fall sprechen wir dann von *Diskriminierungslernen*. Ein Beispiel dafür wäre ein Kind, das sich, je nachdem, ob es beim Vater oder der Mutter ist, ganz unterschiedliche Sachen erlaubt. Wohlerzogen beim Vater (aus Angst vor Bestrafung) und unerzogen bei der Mutter (weil es keine negativen Konsequenzen hat) oder umgekehrt. Durch die *systematische Desensibilisierung* (Wolpe 1958), ein von dem Therapeuten Joseph Wolpe (1915–1997) entwickelter verhaltenstherapeutischer Ansatz, kann ein bisher angstauslösender Reiz (z. B. eine Prüfungssituation) mit einem Verhalten assoziiert werden, das mit der Angst inkompatibel ist und damit das Entstehen von Angst zukünftig verhindert werden. Das gelingt etwa durch die Verbindung mit Entspannungstechniken. Der ursprünglich mit Angst assoziierte Gegenstand wird dabei mit einem positiven Zustand gekoppelt, wodurch sich die Angst mindert oder gar auflöst. Man spricht hier dann von *Inhibition*. Das Beispiel zeigt überdies, dass sowohl Reiz als auch Verstärker nicht unbedingt gegenständliche Objekte sein müssen, sondern auch Erlebenszustände oder andere Verhaltensweisen sein können, wie es der amerikanische Psychologe David Premack (1925–2015) beschrieben hat.

2.2.2 Premack-Prinzip

Das Premack-Prinzip (Premack 1959) besagt, dass Verstärkung nicht an das Vorhandensein von primären oder sekundären Verstärkern gebunden ist, sondern dass jedes Verhalten ein potenzieller Verstärker für ein anderes Verhalten sein kann. So lässt sich ein Verhalten mit relativ niedrigerer Auftretenswahrscheinlichkeit (unerwünschtes Verhalten) dadurch erreichen, dass es mit einem Verhalten mit höherer Auftretenswahrscheinlichkeit (präferiertes Verhalten) verstärkt wird. Wenn Eltern ihren Kindern erlauben, vor dem Erledigen der Hausaufgaben (unerwünscht) noch fernzusehen (erwünscht), können Sie mit großer Wahrscheinlichkeit davon ausgehen, dass die Kinder nur wenig Zeit mit den Hausaufgaben verbringen. Sie haben entgegen dem Premack-Prinzip gehandelt. Besser wäre es demnach gewesen, das präferierte Verhalten als Belohnung für das unangenehme Verhalten einzusetzen, also erst Hausaufgaben und dann Fernsehen!

2

2.3 **Einflussfaktoren beim Lernen**

Kontiguität

Nachdem wir uns bisher mit den Prinzipien des Konditionierungslernens beschäftigt haben, wollen wir jetzt der Frage nachgehen, welche Lernbedingungen möglichst günstig für assoziatives Lernen sind. Ursprünglich ging man davon aus, dass sich zwei Ereignisse am gleichen Ort zur selben Zeit ereignen müssen, damit sie miteinander assoziiert werden. Wir sprechen hier von *Kontiguität*. Denken wir dabei an das Ertönen der Glocke und die Futtergabe in Pavlovs Experiment. Wenn der Zeitabstand zwischen beiden Ereignissen zu groß wird, sinkt die Wahrscheinlichkeit, dass eine Verbindung hergestellt werden kann. Der Hund lernt die Assoziation nur, wenn er die Ereignisse auch als zusammengehörig wahrnehmen kann. Das Gleiche gilt für das operante Konditionieren. Folgt die Belohnung oder Bestrafung nicht unmittelbar auf ein Verhalten, kann kein Bezug zwischen Verhalten und Konsequenz hergestellt werden.

Abergläubisches Verhalten

Mit dem Prinzip der Kontiguität lässt sich auch erklären, warum wir hin und wieder zu abergläubischem Verhalten neigen, wir also von Verbindungen zwischen Ereignissen ausgehen, wo gar keine sind. Ein Grund dafür könnte eine rein zufällige Ereignisverkettung in unserer Verstärkungsgeschichte sein, etwa so, wie es Skinner (1948/1992) von seinen „abergläubischen Tauben" berichtet. Skinner hatte seine hungrigen Tauben nämlich unabhängig von ihrem Verhalten alle 15 Sekunden durch Futtergabe verstärkt. Dies führt dann zu teilweise seltsamen Verhaltensweisen der Tiere, die sich in der „Hoffnung auf Belohnung" auf die drolligste Art und Weise begannen zu bewegen. Die Erklärung Skinners: Jeder Verstärkung ging ein Verhalten voraus. Dieses Verhalten wurde durch das Gesetz der Wirkung verstärkt und fortan im „Aberglauben" ausgeführt, dass es einen echten Zusammenhang zwischen diesem Verhalten und der Verstärkung gäbe. Auch wir neigen dazu, Zusammenhänge zu erkennen, wo keine sind – und uns dann entsprechend zu verhalten.

Blick in die Praxis: Aberglaube

Geben Sie es zu, Sie haben auch schon einmal versucht, ein technisches Gerät durch einen mehr oder weniger leichten Klapps wieder zum Funktionieren zu bringen! Und wie sieht es mit einem Talisman aus? Haben Sie nicht vielleicht irgendwo einen Gegenstand, der Ihnen schon einmal Glück gebracht hat? Vielleicht schwören Sie auch auf eine besondere „Medizin", die Sie quasi bei allen Beschwerden einnehmen. Dann steckt vermutlich auch bei Ihnen ein Aberglaube dahinter. Irgendwann in der Vergangenheit hat sich eine zufällige Ereignisassoziation ergeben, die uns einen Zusammenhang vermuten ließ, auch da, wo es keinen gibt. Wir alle haben solche Marotten und sind dabei in bester Gesellschaft: Die Trainerlegende Udo Lattek zog in der Bundesligasaison 1987/88 seinen blauen Pullover 14 Mal hintereinander an, bis er dann offenbar seine Wirkung beim 1:2 gegen Werder Bremen verloren hatte.

Kontiguität ist jedoch nicht in jedem Fall für gute Lernerfolge ausreichend, eher ist es die kontingente Kopplung von Reiz zu Reiz bzw. Reiz und Reaktion, die sich als besonders förderlich erwiesen hat. *Kontingenz* meint dabei, dass das Vorkommen des einen Reizes immer mit dem Vorkommen des anderen Reizes bzw. der Reaktion verbunden ist, das eine Ereignis das andere Ereignis also perfekt vorhersagt (vgl. dazu ◘ Abb. 2.2). Im Falle der operanten Konditionierung gilt zudem, dass eine kontingente Verstärkung zu schnellem Lernen führt, es aber auch zu einem schnellen Verlernen kommt, wenn nicht mehr verstärkt wird. Eine gelegentliche Verstärkung (*intermittierende Verstärkung*) führt demgegenüber zu einem langsameren Lernen, dafür ist das Gelernte dann beim Ausbleiben der Verstärkung löschresistenter. Als besonders geeigneter Verstärkungsplan hat sich daher eine zunächst kontinuierliche Verstärkung erwiesen, die dann allmählich in eine intermittierende Verstärkung übergeht.

Kontingenz ist wesentlich

Ganz allgemein gilt überdies: Lernen geschieht immer nur dann, wenn sich für den Organismus etwas Neuartiges zeigt, wenn – ganz unbehavioristisch formuliert – Unterschiede im Erleben wahrgenommen werden. Das gilt für beide assoziativen Lernformen und lässt sich gut am Prinzip der *Blockierung* erläutern. Diese besagt, dass eine Assoziation zwischen einem unkonditionierten und einem konditionierten Reiz (bei der klassischen Konditionierung) bzw. von Reiz und Reaktion (bei der operanten Konditionierung) das Lernen einer anderen Assoziation verhindert, solange nichts Unerwartetes passiert. Was damit gemeint ist,

Blockierung

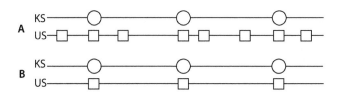

◘ **Abb. 2.2**   A Kontiguität; B Kontingenz

2

soll folgendes Beispiel verdeutlichen: In einem ersten Lerndurchgang lernt eine Katze ein Tonsignal (NS) mit einem (harmlosen) Elektroschock (US) zu assoziieren, der dazu führt, dass die Katze die Pfote hebt (UR). In einer nachfolgenden Phase wird dann neben dem Tonsignal (jetzt KS) auch noch ein Lichtsignal (NS) zeitgleich präsentiert. Während nun das Tonsignal (KS) zu einer konditionierten Reaktion (KR), nämlich dem Heben der Pfote führt, wird das Licht allein keine Reaktion verursachen. Erklärung: Das Tonsignal sagt den Elektroschock perfekt vorher, wodurch sich kein Vorhersagebeitrag für das Lichtsignal ergibt. Das Lichtsignal liefert keine neuen Informationen, weswegen keine Assoziation zum Elektroschock erzeugt wird.

Blockierung: Schematische Übersicht

NS_1	$\rightarrow$ US	$\rightarrow$	UR
NS_1 wird zu KS			
KS	$\rightarrow$		KR
NS_2 / KS	$\rightarrow$		KR
NS_2	$\rightarrow$		keine Reaktion

Blick in die Praxis: Kontiguität und umweltschützendes oder gesundes Verhalten

Wie kann man Personen dazu animieren, sich mehr für den Erhalt der Umwelt einzusetzen oder sich gesünder zu verhalten? Werbekampagnen, die auf das Problem hinweisen und uns animieren wollen, aktiv etwas zu tun, sind nur bedingt erfolgreich. Aber woran liegt das? Immerhin handelt es sich hier um zwei wirklich existenzielle Themen, die uns alle betreffen und uns zu entsprechendem Verhalten verleiten sollten. Thorndikes Gesetz der Wirkung zusammen mit dem Prinzip der Kontiguität gibt uns darauf vielleicht eine Antwort. Wenn wir beispielsweise heute Rauchen, dann wirkt sich das nicht sofort auf unsere Gesundheit aus, sondern erst viele Jahre später. Unser Verhalten hat also keine unmittelbar schädlichen Folgen, in gewissem Sinne positive hingegen schon, z. B. dass wir der Sucht Befriedigung verschafft haben oder wenn sich durch das Rauchen sozial positive Effekte ergeben. Genauso ist es, wenn wir in unser Auto steigen und die Umwelt mit Abgasen verpesten. Es stellen sich keine unmittelbar negativen Auswirkungen ein, die unser Verhalten unterbinden würden. Aus diesen Überlegungen ergeben sich allerdings auch Lösungsideen. Wenn es nämlich gelingt, Auswirkungen des Verhaltens unmittelbar nach dem Verhalten erfahrbar zu machen, dann erhöht sich auch die Wahrscheinlichkeit, dass sich Verhalten tatsächlich ändert. Haben Sie eine Idee, wie man das machen könnte?

Generell kann man sagen, dass eine Assoziation umso besser und schneller gelernt wird, je intensiver die Verbindung zwischen US und UR ist (bei der klassischen Konditionierung) bzw. je stärker die Belohnung bzw. Bestrafung ist (bei der operanten Konditionierung). Eine neue Assoziation wird zudem umso eher erlernt, je größer der (relative) Vorhersagewert des NS/KS ist. Würde man zwei neutrale Stimuli abwechselnd, aber in unterschiedlicher Häufigkeit zusammen mit dem US anbieten, dann würde sich derjenige NS durchsetzen, der den größeren Vorhersagebeitrag liefert, also der, der häufiger vorkam. Wichtig ist in der Lernphase nicht nur, dass der NS stets mit dem US angeboten wird (Kontiguität), sondern auch dass der US auch nur dann auftritt, wenn der NS vorkommt (Kontingenz), es also eine perfekte Vorhersage vom einen für den anderen Stimulus gibt. Gerade das Phänomen der Blockierung belegt, dass reine Kontiguität, also das zeitgleiche Auftauchen von NS und US, in vielen Fällen kein hinreichendes Kriterium für Lernen ist.

Blick in die Praxis: Blockierung im Alltag

Im Alltag haben wir für viele Ereignisse eine Erklärung parat, die uns blind für Alternativerklärungen machen, z. B. wenn wir unser Kind dafür tadeln, dass es – wie vorhergesagt – krank geworden ist, weil es sich am Vortag nicht warm genug angezogen hat. Dass der Grund für die Erkältung ein Infekt ist, der schon seit Tagen darauf wartet endlich auszubrechen, wird von uns gar nicht in Erwägung gezogen, da wir eine hinreichende Erklärung für die Erkrankung haben. Auch vorgefertigte Meinungen, Stereotype oder Vorurteile blockieren uns häufig und verhindern, dass wir neue Erfahrungen machen können. Überlegen Sie doch einmal, wo Sie womöglich „blockiert" sind!

Der Zusammenhang zwischen der Neuartigkeit eines Reizes und dem damit verbundenen Lernfortschritt kann anhand des Rescorla-Wagner-Modells formal beschrieben werden. Zudem kann an dem Modell das Prinzip der Blockierung gut erklärt werden.

2

2.4 Das Rescorla-Wagner-Modell

Das Modell wurden 1972 von den beiden Psychologen Rescorla und Wagner publiziert und erlaubt die Erklärung und Vorhersage zahlreicher Effekte des Konditionierungslernens. Es basiert auf der Grundannahme, dass Lernen nur dann geschieht, wenn ein Reiz überraschend auftritt, also bisher nicht vorhergesagt wurde. Mit anderen Worten, es muss etwas Neues passieren. Je neuartiger die Situation bzw. ein Reiz ist, umso mehr wird gelernt. Aus dieser Überlegung lassen sich Rückschlüsse auf die Lernkurve ziehen. Sie muss nämlich mit jedem erneuten Auftreten des Reizes abfallen, da der Neuigkeitswert des Reizes ebenfalls abnimmt. Das Prinzip lässt sich auch mathematisch formulieren:

$$\Delta V_{KSn} = \alpha\beta\left(\lambda - \Sigma Vn\right)$$

Dabei gilt:
- ΔV_{KSn} = Veränderung der Verbindungsstärke von KS und US nach diesem Lerndurchgang
- Vn = Stärke der Assoziationen des KS mit dem US zu Beginn des Lerndurchgangs
- ΣVn= Stärke aller Assoziationen mit dem US
- λ = maximal mögliche Verbindungsstärke zwischen KS und US, die zwischen 0 (kein Lernen möglich) und 1 (perfekte Assoziation) schwanken kann
- $\alpha\beta$ = Parameter, die bestimmen, wie schnell Lernen stattfindet; hängen von der Art von KS und US ab

Lernen durch Überraschung

Aus dieser Formel ergibt sich, dass zu Beginn der Lernphase, wenn die Differenz zwischen dem maximal zu Erlernenden und dem bereits Gelernten noch groß ist, auch große Lernfortschritte gemacht werden, während später, wenn die Assoziation schon nahe an der Perfektion ist, nur noch kleine Lernfortschritte möglich sind. Einfach und aus einer kognitiven Perspektive formuliert könnte man sagen: Wir lernen, wenn wir überrascht werden, wenn das, was passiert, nicht unseren Erwartungen entspricht. Dann suchen wir nach Kontingenz, nach einer Ursache, die uns die Überraschung erklärt. Umgekehrtes passiert, wenn die Erwartungen nicht mehr eintreffen. Der Grund ist derselbe. Wird beispielsweise ein Verhalten plötzlich nicht mehr verstärkt, dann besitzt dieses Ereignis hohen Neuigkeitswert. Passiert das erneut, ist die Überraschung weniger stark (vgl. ◘ Abb. 2.3).

Hören Sie hier eine Erläuterung des Rescorla-Wagner-Modells

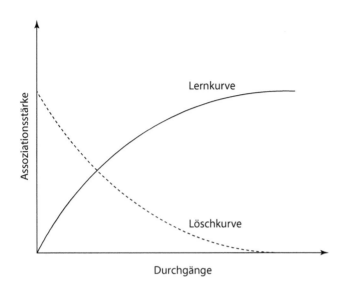

Abb. 2.3 Idealtypische Lernkurve nach dem Rescorla-Wagner-Modell

Anhand des Rescorla-Wagner-Modells lassen sich zum einen Vorhersagen über Lernverläufe machen. Zum anderen können wir damit auch den Effekt der Blockierung gut erklären: Das Erlernen einer neuen Assoziation wird verhindert, wenn das Auftauchen eines neuen Reizes eben keine überraschenden Konsequenzen nach sich zieht, die bestehende Verbindung zwischen KS und US also schon zur perfekten Vorhersage ausreicht.

2.5 Verlernen und Bestrafung

Genauso, wie Assoziationen erlernt werden, werden sie auch wieder verlernt, nämlich dann, wenn der konditionierte Stimulus den unkonditionierten Stimulus nicht mehr vorhersagt (bei der klassischen Konditionierung) bzw. wenn ein Verhalten nicht mehr bzw. anders verstärkt wird (operante Konditionierung). In diesem Zusammenhang spricht man von *Extinktion*, also Löschung der vormals gelernten Assoziation. Allerdings kann sich vormals Gelerntes auch spontan wieder zeigen, etwa wenn sich der Kontext ändert, in dem sich das Verhalten abspielt. Wird ein vormals verstärktes Verhalten oder eine starke Assoziation an anderer Stelle, zu späterer Zeit nochmals gezeigt, spricht man von *spontaner Erholung*.

Extinktion und spontane Erholung

2

Bestrafung unterdrückt
Performanz

Geht es darum, ein bestimmtes Verhalten zu unterbinden, dann ist *Bestrafung* ein probates Mittel. Dies belegt eine tierexperimentelle Studie von Estes (1944). Er konditionierte zunächst Ratten in einer Lernphase durch Futtergabe darauf, einen bestimmten Hebel zu betätigen. In einer zweiten Phase wurden die Tiere der Experimentalgruppe jetzt beim Betätigen des Hebels nicht mehr positiv verstärkt, sondern bekamen im Gegenteil einen Schock verabreicht. Tiere einer Kontrollgruppe wurden gar nicht mehr verstärkt. In den sich anschließenden dritten und vierten Phasen passierte in beiden Gruppen nichts. Das Ergebnis erstaunt: Die Tiere der Kontrollgruppe zeigten erwartungsgemäß das ursprünglich konditionierte Verhalten immer seltener. Die Tiere der Experimentalgruppe zeigten das gelernte Verhalten bei Bestrafung ebenfalls immer seltener, in der letzten Phase jedoch, wenn die Bestrafung ausblieb konnte man das ursprünglich konditionierte Verhalten wieder häufiger beobachten. Das Gelernte zeigte sich also spontan wieder. Bestrafung, so kann man aus diesem Befund schließen, ist zwar ein geeignetes Mittel, um unerwünschtes Verhalten zu unterdrücken, verlernt wird das Verhalten dadurch jedoch nicht, sondern es wird, wenn sich die Umstände ändern, womöglich wieder gezeigt.

Latentes Lernen

Ähnlich verhält es sich mit dem sogenannten *latenten Lernen*. Damit bezeichnet man Lernen, das sich nicht unmittelbar im Verhalten zeigt, sondern erst, wenn es benötigt wird bzw. wenn die Situationserwartung Verstärkung verspricht. Was damit gemeint ist, lässt sich mit einem Tierexperiment von Tolman und Honzik (1930) belegen. Sie sperrten Ratten in ein Labyrinth und verstärkten sie durch Futtergabe, wenn sie den Weg nach draußen gefunden hatten. Dies führte ganz nach dem Gesetz der Erfahrung dazu, dass die Tiere immer weniger Fehler machten, um den Ausgang zu finden. Ratten, die dagegen nicht verstärkt wurden, behielten eine relativ hohe Fehlerquote bei, was darauf schließen ließ, dass Sie den Weg einfach nicht gelernt hatten. Wurden diese Tiere allerdings ab dem 11. Tag ebenfalls mit Futter verstärkt, dann verließen sie plötzlich mit nur wenigen Fehlern das Labyrinth. Das Ergebnis legt nahe, dass alle Ratten, also auch die, die zuvor nicht verstärkt wurden, den Weg nach draußen gelernt hatten, es aber für die nicht belohnten Ratten zunächst keinen Anlass gab, den Weg aus dem Labyrinth zu gehen. Erst mit der Verstärkung lohnte es sich, schnell nach draußen zu gelangen (◻ Abb. 2.4).

Auch Verlernen ist Lernen

Sowohl die Experimente von Estes zur Bestrafung wie auch die von Tolman und Honzik zum latenten Lernen verweisen erneut auf die wichtige Unterscheidung zwischen Lernen und Performanz. Lernen ist das eine – ob das Gelernte aber auch gezeigt wird, das hängt von vielen Faktoren ab. Die Studien lassen zudem die Frage aufkommen, was mit Verlernen eigentlich gemeint ist. Bedeutet Verlernen, dass eine Assoziation nicht mehr besteht? Oder wird das Gelernte dauerhaft nicht mehr gezeigt? Besteht jetzt eventuell eine andere Assoziation? Muss dafür die alte Asso-

◘ Abb. 2.4 Gäb es doch bloß etwas zu essen! (© Claudia Styrsky)

ziation aufgelöst sein? Das Beispiel der spontanen Erholung zeigt, wie schwierig es ist, Verlernen als Prozess der Assoziationsauflösung anzusehen. Vielmehr spricht einiges dafür, Verlernen als das Lernen von etwas Neuem aufzufassen – eine Vorstellung, die man sich auch in der Verhaltenstherapie zunutze macht. Wenn Angst etwa eine gelernte Reaktion auf ein Ereignis ist, dann muss man das angstauslösende Ereignis durch entsprechendes Training auch mit einer anderen Reaktion verbinden können. Die *systematische Desensibilisierung* (Wolpe 1958) oder die *Konfrontationstherapie* erzielen auf diesem Weg gute Erfolge.

2

Blick in die Praxis: Konfrontationstherapie

Die Idee der *Konfrontationstherapie* (z. B. Neudeck und Wittchen 2004) besteht darin, den Betroffenen mit dem angstauslösenden Reiz zu konfrontieren und ihm dabei die Erfahrung zu ermöglichen, dass die Angst nicht ins Unermessliche steigt, sondern dass der Verbleib in der Situation zu einer Gewöhnung führt, als deren Folge die Angst sich vermindert. Durch die Konfrontation, die real oder imaginativ sein kann, sollen neue Lernerfahrungen ermöglicht werden, die dann anstelle des gelernten Vermeidungsverhaltens treten.

2.6 Lernen komplexer Verhaltensweisen

Bisher haben wir uns nur die Grundprinzipien einfacher Assoziationsbildung angesehen. Unser Verhalten ist aber viel komplexer als nur auf einen Ton zu reagieren oder den Zusammenhang von Ampelfarbe und Sicherheit zu lernen. Wie sich zeigt, lassen sich auch komplexere Verhaltensweisen nach den Prinzipien der Konditionierung erlernen. Schauen wir uns dazu ein paar Beispiele an.

2.6.1 Chaining und Shaping

In Film und Fernsehen sieht man manchmal Tiere, die die verrücktesten Dinge machen. Vielleicht weniger spektakulär scheinen uns die Hunde, die bei der Aufforderung „Sitz!" tatsächlich gehorchen. In jedem Fall handelt es sich um dressierte Tiere. Wie aber funktioniert das eigentlich? Und lernen Menschen nach dem gleichen Muster?

Verhaltensformung   Ein geeignetes Mittel zur Vermittlung komplexer Verhaltensweisen ist die sogenannte *Verhaltensformung* (*Shaping*). Dabei wird, ausgehend von einem zufällig in die gewünschte Richtung gehendes Verhalten, verstärkt und sukzessive bis zum Endverhalten hin durch geschickte Verstärkung aufgebaut. Das *Shaping* oder *forward chaining* wird sowohl im Tier- als auch im Humanbereich eingesetzt, etwa beim Einüben neuer Bewegungsabläufe beim Sport, bei dem der gesamte Bewegungsablauf Schritt für Schritt eingeübt wird. Man kann aber auch den umgekehrten Weg gehen und, ausgehend von einem Endverhalten, Verhalten rückwärts aufbauen (*backward chaining*). So könnte man einem Kind das Anziehen und Schließen einer Jacke dadurch vermitteln, dass man dem Kind zunächst beim Anziehen der Jacke und dem Einfädeln des Reißverschlusses hilft und lediglich den letzten Schritt, nämlich das Schließen des Verschlusses verstärkt. In nachfolgenden Schritten wird der jeweils vorangehende Arbeitsschritt verstärkt, so dass das Kind am Ende den gesamten Ablauf, von Anfang bis Ende, erlernt hat.

Blick in die Praxis: Klickertraining

Wie Shaping funktioniert, lässt sich gut am sogenannten *Klickertraining* erläutern, bei dem Elemente der klassischen und operanten Konditionierung miteinander kombiniert werden. Man braucht dazu einen Klicker, einen „Knallfrosch", der in fast keinem Kinderzimmer fehlt. Der wird nämlich immer dann betätigt, wenn das Tier (zufällig) ein Verhalten zeigt, das in die gewünschte Richtung geht. Unmittelbar danach erhält das Tier eine Belohnung (Futtergabe). Auf diese Weise lernt das Tier, dass das Klicken (KS) das Signal für das Futter (US) darstellt, es signalisiert dem Tier, dass es gerade etwas „richtig" gemacht hat, an das es sich zu erinnern lohnt. Das Klicken ist also für das Erleben von Kontiguität wichtig. Nachfolgend wird der Klicker dazu verwendet, Schritt für Schritt ein komplexes Verhalten aufzubauen, in dem man erst dann wieder „klickt" und Futter gibt, wenn das Tier sich noch mehr in Richtung des erwünschten Verhaltens verhält. Mit dem Klickertraining wird also eine Vorwärtsverkettung einzelner Verhaltensabschnitte (*foreward chaining*) erreicht. Haben Sie eine Idee, wo sich auch im Humanbereich eine Art Klickertraining beobachten lässt?

2.6.2 Erwerb motorischer Fertigkeiten

Auch Fertigkeiten, also nicht angeborene Fähigkeiten, lernen wir. Fertigkeiten sind in der Regel komplexe, intentionale Handlungsabläufe, die dem Ziel dienen, wiederkehrende Aufgaben möglichst effizient zu lösen. Häufig wird hier zwischen visuellen, kognitiven und motorischen Fertigkeiten unterschieden. Visuelle Fertigkeiten beziehen sich auf die effiziente Verarbeitung visueller Informationen. Ein Radiologe kann beispielsweise auf Röntgenbildern viel mehr erkennen als ein Laie. Kognitive Fertigkeiten meinen dagegen die effiziente Nutzung kognitiver Fähigkeiten, etwa beim Problemlösen oder beim Behalten und Abrufen von Gedächtnisinformationen. Schachspieler besitzen beispielsweise exzellente kognitive Fertigkeiten. Motorische Fertigkeiten wiederum sind

2

Drei Phasen des
Fertigkeitserwerbs

effiziente Bewegungen, z. B. beim Sport oder im Handwerk. Insbesondere bei den motorischen Fertigkeiten spielen assoziative Lernprozesse eine große Rolle. Schauen wir uns kurz an, welche Vorstellungen Psychologen vom Fertigkeitserwerb haben.

Häufig werden hier drei Phasen unterschieden (Fitts 1964; Fitts und Posner 1967). In einer *kognitiven Phase* werden die Aufgabenziele analysiert und die Aufgabe kognitiv durchdrungen. Um was geht es? Wie soll es passieren? Worauf ist zu achten? In dieser Phase wird auf Vorwissen zurückgegriffen. Gab es in der Vergangenheit ähnliche Aufgaben? Der Lerner beginnt nun damit, die Aufgabe anzugehen. Zunächst konzentriert er sich auf Teilprobleme, vielleicht solche, die er an anderer Stelle schon einmal erfolgreich bewältigt hat, und versucht anschließend die Teilhandlungen miteinander zu verketten (*chaining*). Auf diese *assoziative Phase* folgt schließlich die *autonome Phase*, in der die einzelnen Schritte und Handlungsketten so gut geübt wurden, dass sie routiniert, also ohne besondere Aufmerksamkeitszuwendung ablaufen. Die einzelnen Phasen sind dabei nicht kategorisch voneinander abgegrenzt, sondern laufen eher miteinander verschränkt ab.

Blick in die Praxis: Autofahren lernen

Auch Autofahren will gelernt sein. Das geschieht ebenfalls in drei Phasen. Zu Beginn sind wir beinahe schon überfordert, die ganzen Instruktionen des Fahrlehrers zu verstehen und zu behalten. Um loszufahren sagen wir uns innerlich die Abfolge der einzelnen Schritte vor (kognitive Phase). Nach und nach zeigen sich erste automatische Handlungsabfolgen, die, je mehr wir üben, immer mehr miteinander verkettet werden (assoziative Phase). Fahren wir ausreichend häufig, dann stellt sich irgendwann die Fertigkeit ein, das Auto ohne große Mühe, ganz nebenbei zu steuern, während wir uns gleichzeitig z. B. auch noch mit den Beifahrern unterhalten können (autonome Phase). Dazu hätte unsere Aufmerksamkeit zu Beginn des Lernprozesses gar nicht ausgereicht.

Weitere einflussreiche Theorien zum motorischen Lernen sind die *Closed-Loop-Theorie* (Adams 1971) und die *Schematheorie* (Schmidt 1975). Nach der Closed-Loop-Theorie erfolgt motorisches Lernen durch einen kontinuierlichen Rückmeldeprozess, bei dem das Ergebnis einer faktischen motorischen Bewegung mit dem gewünschten Ergebnis verglichen und sukzessive optimiert wird. Es wird angenommen, dass wir für Bewegungen eine perzeptuelle Gedächtnisspur anlegen, die Informationen über Bewegungsinformationen bereithält (sensorische Information, Lage im Raum, visuelle Informationen etc.). Wenn wir uns dann erneut bewegen, dann wird unsere Bewegung mit diesem Gedächtniseintrag abgeglichen. Neben der perzeptuellen Spur besitzen wir auch noch eine Gedächtnisspur, die dafür sorgt, dass bei einer bestimmten Ausgangslage erste einfache motorische Programme ausgelöst werden. Sie dient also der Bewegungsinitiierung.

Ein Problem der Closed-Loop-Theorie ist, dass sie überspezifisch ist, d. h. es werden ja stets nur bewegungsspezifische Gedächtnisspuren angelegt. Auf diese Weise können Generalisierungseffekte kaum erklärt werden. Die Schematheorie (z. B. Schmidt 1975) versucht auf dieses Problem eine Antwort zu geben. Ein Schema wird dabei in Anlehnung an Evans (1967) allgemein als charakteristisches Merkmal von Objekten verstanden und als Regel, wie der Objektprototyp herzustellen ist. Schemata gibt es für Objekte, aber eben auch für Verhaltensweisen. Es wird nun zunächst davon ausgegangen, dass uns nach einer Bewegung vier verschiedene Informationen zur Verfügung stehen, nämlich (1) Informationen über die aufgewendete Kraft oder die Dauer der Bewegung (Bewegungsparameter), (2) Informationen über das Resultat (Bewegungsergebnis), (3) sensorische Informationen über den Bewegungsverlauf (wie fühlt sich die Bewegung an?) und (4) den Ausgangszustand vor der Bewegung. Es wird angenommen, dass wir uns nicht jede Bewegung und die dazugehörigen Parameter merken, sondern anhand dieser kurzfristig verfügbaren Informationen nach und nach zwei Schemata, das Wiedergabeschema (*recall schema*) und das Wiedererkennensschema (*recognition schema*) entwickeln. Das Wiedergabeschema beinhaltet Wissen über den Zusammenhang von Bewegungsparametern und Bewegungsergebnis, also einfach formuliert: Welche Bewegung ist für welches Ergebnis nötig? Da gelernt wird, dass sich verändernde Parameter zu anderen Resultaten führen, können später die für ein Ziel passenden Parameter ausgewählt werden (vgl. dazu ▶ Abschn. 2.9).

Das Wiedererkennensschema wiederum beschreibt den Zusammenhang zwischen den Ausgangsbedingungen, früheren Bewegungsergebnissen und den entsprechenden sensorischen Informationen und erlaubt somit einen Ist-Soll-Abgleich. Anhand des Wiedererkennensschemas kann während der Bewegungsausführung ein Abgleich zwischen erwartetem sensorischen Feedback (wie sollte sich die Bewegung anfühlen?) und tatsächlichem Feedback (wie fühlt sich die Bewegung an?) stattfinden und die Bewegung entsprechend optimiert werden. Diese Feinadjustierungen gelernter Bewegungsprogramme machen dann auch Generalisie-

Recall- und Wiedererkennensschema

Generalisierungseffekte

2

rungseffekte plausibel. So kann es beispielsweise das Schema „Tennisaufschlag" geben, dessen prinzipielle Bewegungsmuster bekannt und generalisiert sind, die konkrete Ausführung kann sich aber in Abhängigkeit beispielsweise des Ausführungsziels und der damit veränderten eingesetzten Kraft sehr wohl unterscheiden.

Blick in die Praxis: Komplexe Bewegungsabläufe im Sport – stete Wiederholung vs. differenzielles Lernen

Theorien zum Erwerb motorischer Fertigkeiten spielen beispielsweise beim Erlernen neuer Bewegungsabläufe im Sport eine große Rolle. Hier taucht dann auch die Frage auf, ob ein bestimmter Bewegungsablauf dadurch perfektioniert wird, dass man die Variabilität der Bewegung durch eine hohe Wiederholungsrate und entsprechende Korrekturanweisungen reduziert, oder eher indem man die Bewegungsvariabilität sogar fördert, damit differenzielle Auswirkungen auf die Zielbewegungen erlernt werden können (vgl. Schöllhorn et al. 2009). Die Idee beim differenziellen Lernen besteht darin, die Unterschiede, „die durch zwei aufeinander folgende Bewegungen erzeugt werden, [zu nutzen], da sie im Unterschied zur reinen Wiederholung zusätzliche Informationen aus dem Vergleich zweier ähnlicher Bewegungen" zur Verfügung stellen (Schöllhorn et al. 2009, S. 38).

Daraus lässt sich beispielsweise folgern, dass bei Anfängern, bei denen die Bewegungsvarianz ohnehin größer ist, ein stärkerer Fokus auf weniger Bewegungsunterschiede durch häufigere Wiederholungen gelegt werden sollte, während bei fortgeschrittenen Personen variable Bewegungsabläufe, etwa durch eine zufällige Übungsreihenfolge, sinnvoll wären (Schöllhorn et al. 2009).

2.7 Vermeidungslernen

Aktive und passive Vermeidung

Durch Prozesse der Konditionierung lernen wir nicht nur, in bestimmten Situationen bestimmtes Verhalten zu zeigen, wir lernen auch Konsequenzen und Situationen aus dem Weg zu gehen. Unter *passivem Vermeidungslernen* versteht man dabei, dass bestimmtes Verhalten unterbleibt, um negative Konsequenzen zu vermeiden. Das Geschwisterkind rührt sich z. B. nicht, wenn der

◘ Abb. 2.5   Angst ist häufig gelernt. (© Claudia Styrsky)

Bruder oder die Schwester gerade geschimpft bekommen. *Aktive Vermeidung* meint dagegen, dass ein bestimmtes Verhalten ausgeführt wird, um eine negative Konsequenz zu vermeiden. Wir gehen z. B. Situationen aus dem Weg, die Angst auslösen können. „Aus Schaden wird man klug" bringt die Funktion des Vermeidungsverhaltens auf den Punkt. Wir werden, wenn wir in der Vergangenheit von einer Biene gestochen wurden, Bienen in Zukunft meiden (◘ Abb. 2.5). Dieses Verhalten hat Vor- und Nachteile. So kann ich durch Vermeidung zwar meine aktuelle Angst reduzieren, gleichzeitig verhindere ich damit allerdings auch, neue Lernerfahrungen zu machen, was zur Aufrechterhaltung der Angst vor Bienen beiträgt. Wenn wir keine neuen Erfahrungen mit Bienen machen, dann bleibt die Angst vor Bienen bestehen. Genau dieses Prinzip beschreibt Mowrer (1951) in seinem *Zwei-Faktoren-Modell der Angst*. Die Angst bleibt uns erhalten, weil das Vermeidungsverhalten kurzfristig negativ verstärkt wird.

2.8 Erlernte Hilflosigkeit

Der Begriff der erlernten Hilflosigkeit wurde von Martin Seligman (z. B. 1972, 1975) eingeführt. Er beschreibt die Erwartung eines Individuums, Situationen und Konsequenzen nicht kontrollieren bzw. beeinflussen zu können. Seligman experimentierte zunächst mit Tieren. Dabei konnte er zeigen, dass Tiere, die in der Lernphase keine Kontrolle über ein aversives Ereignis hatten, sich in nachfolgenden Durchgängen passiv und lethargisch verhielten, während Tiere, die das aversive Ereignis vermeiden konnten, auch

Reaktanz

2

in nachfolgenden Situationen schnell lernten, unangenehmen Konsequenzen aus dem Weg zu gehen. Ähnliches lässt sich auch bei Menschen beobachten (z. B. Hiroto 1974). Allerdings sind die Befunde dazu etwas differenzierter. Wortman und Brehm (1975) kommen nämlich zu dem Schluss, dass auf erlebten Kontrollverlust zunächst die Anstrengungen erhöht werden, also *Reaktanz* entsteht. Erst wenn dieser Mehraufwand nicht fruchtet, kommt es dann zu Hilflosigkeit und im weiteren Verlauf womöglich zum Aufbau einer generalisierten Nicht-Kontrollierbarkeitserwartung. Es gibt noch eine weitere Einschränkung. Ob Hilflosigkeit entsteht, hängt auch vom Attributionsstil der Person ab (Abramson et al. 1978; siehe auch ▶ Abschn. 8.2), von der Frage also, wo die Person die Ursachen für das aversive Ereignis ansiedelt. Sieht sich die Person selbst als verantwortlich an und schätzt sie darüber hinaus das Problem als generelles Problem ein, das über die gegenwärtige Situation hinaus Bestand hat und unveränderlich ist, dann steigen die Chancen für erlernte Hilflosigkeit. Seligman (1975) benennt drei Folgen erlernter Hilflosigkeit. Sie führt zu einer veränderten Situationswahrnehmung (kognitive Verzerrung), es stellen sich motivationale Defizite wie Passivität und Rückzug ein, und es kommt zu emotionalen Störungen, bis hin zu Depressionen (vgl. auch Mikulincer 1994).

Blick in die Praxis: Erlernte Hilflosigkeit

In unserem Alltag gibt es zahlreiche Beispiele mit Bezug zur erlernten Hilflosigkeit. Etwa der Fußballverein, bei dem jede Maßnahme scheitert, die Leistung so zu verbessern, dass der Klassenerhalt noch erreicht wird. Häufig führt das „Es-bringt-doch-eh-nichts-mehr-Erleben" zu Passivität und Niedergeschlagenheit, was dann im Sinne einer sich selbst erfüllenden Prophezeiung eine entsprechende Wirkung entfaltet. Oder denken wir an ältere Menschen, die sich beispielsweise den Pflegekräften hilflos ausgesetzt fühlen. Umgekehrt kann das Erleben von Kontrolle und Einfluss die Motivation steigern. Menschen, die den Eindruck haben, etwas bewirken zu können, werden motivierter sein und sich stärker einbringen. Das spielt z. B. im organisationalen Kontext eine Rolle, wenn es darum geht, Mitarbeiter zu motivieren. Je mehr die nämlich der Überzeugung sind, durch ihr Handeln auch einen wichtigen Beitrag zum Gesamtergebnis beizusteuern, umso wahrscheinlicher werden sie sich auch dafür engagieren.

2.9 Lernen und Handeln

In den Paradigmen des Konditionierungslernens ist in erster Linie von Verhaltenssteuerung durch Reize die Rede, was insbesondere der behavioristischen Ausrichtung der hier vorgestellten Theorien zu verdanken ist. Diese Perspektive ist für die Beschreibung und Erklärung vieler menschlicher Verhaltensweisen jedoch ungenügend. Ohnehin präferieren wir in vielen Fällen den Begriff der „Handlung" zur Beschreibung unseres Verhaltens. Mit Handlung wiederum meinen wir zielgerichtetes und absichtsvolles Verhalten. Mit dem Begriff der „Absicht" gesellt sich nun ein Konzept zu unseren theoretischen Überlegungen, das mit behavioristischen Ideen nicht mehr vereinbar ist, da Absicht als ein mentales Phänomen aufgefasst wird, also in der „Blackbox" zu finden ist. In handlungstheoretischen Zusammenhängen sind dagegen genau solche Konzepte von großer Bedeutung. Ziele, Wille, Absicht, Erwartungen und Volition tauchen an unterschiedlichen Stellen zur Beschreibung und Erklärung von Verhalten auf. Wir werden auf diese Begriffe im Kapitel Motivation (▸ Abschn. 5.1) noch ausführlich eingehen, doch wir befassen uns schon hier kurz mit der Frage, wie Lernen und Handeln zusammenhängen (einen weiterführenden Überblick dazu geben z. B. Kiesel und Koch 2012).

Absicht

Eine Bedingung für Handeln ist, dass es ein Handlungsziel gibt und dass erkennbar ist, welche Handlung zur Zielerreichung nötig ist. Dieses Wissen ist erfahrungsbasiert, also gelernt. Genau genommen müssen hier zwei *Handlungs-Ergebnis-Assoziationen* gelernt werden: zum einen, welche Handlung zu welchem Ergebnis führt, zum anderen, welches Ergebnis welche Handlungen voraussetzt (vgl. ◻ Abb. 2.6). Das Erlernen von Handlungs-Ergebnis-Assoziationen geschieht, wenn Handlungen kontingent zu bestimmten Ergebnissen führen. Hat man also erst einmal gelernt, welche Bewegung, oder allgemein, welches Verhalten zu welchen Ergebnissen führt, lassen sich daraus gezielte Aktivitäten zur Erreichung gewünschter Zustände ableiten. Ergänzend muss gesagt werden, dass wir in vielen Fällen situationsspezifische Handlungs-Ergebnis-Assoziationen lernen, da wir in Abhängigkeit vom Kontext Ziele mal besser, mal schlechter durch unser Tun erreichen. Diese situationsspezifischen Effekte werden ebenfalls gelernt, andernfalls würden wir – unabhängig von den Randbedingungen – zu jeder Zeit auf die gleiche Art und Weise agieren.

Handlungs-Ergebnis-Assoziationen

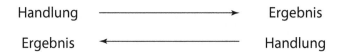

◻ **Abb. 2.6** Bidirektionale Handlungs-Ergebnis-Assoziationen

2

❓ Prüfungsfragen

1. Erläutern Sie das Grundprinzip der klassischen Konditionierung und geben Sie dazu ein Alltagsbeispiel.
2. Was versteht man allgemein unter Bedeutungstransfer?
3. Was versteht man unter assoziativem Lernen? Und was ist nicht-assoziatives Lernen?
4. Welche Faktoren sind für das Assoziationslernen besonders förderlich?
5. Was versteht man unter Kontingenz und Kontiguität?
6. Erläutern Sie das Prinzip der operanten Konditionierung.
7. Worin liegt der Unterschied zwischen operanter und klassischer Konditionierung?
8. Was versteht man unter latentem Lernen?
9. Erläutern Sie das Premack-Prinzip an einem konkreten Beispiel.
10. Erläutern Sie das Rescorla-Wagner-Modell näher und begründen Sie die Vorhersagen des Modells.
11. Was versteht man unter Blockierung und wie erklärt man sie sich? Geben Sie dazu ein Alltagsbeispiel.
12. Was versteht man unter *forward chaining* bzw. *shaping*? Wie kann man das in der Praxis einsetzen?
13. Was sind Fertigkeiten? Welche drei Phasen werden beim Fertigkeitserwerb unterschieden?
14. Wie erlernen wir nach der Schematheorie eine motorische Fertigkeit?
15. Was besagt das Zwei-Faktoren-Modell der Angst?
16. Was meint erlernte Hilflosigkeit? Welche Konsequenzen ergeben sich daraus für das Individuum? Wie könnte man der Hilflosigkeit vorbeugen?
17. Welche Rolle spielen Handlungs-Ergebnis-Assoziationen beim absichtsvollen Verhalten (Handeln)?

Zusammenfassung

— Bei der klassischen Konditionierung wird ein neutraler Stimulus mit einem unkonditionierten Stimulus assoziiert (Konditionierung 1. Ordnung).
— Mit Konditionierung 2. Ordnung bezeichnet man die Kopplung zwischen einem neutralen Reiz und einem konditionierten Stimulus.

- Evaluative Konditionierung meint die Assoziierung eines neutralen Stimulus mit einem affektiven Stimulus.
- Generalisierung bei der klassischen Konditionierung meint Reizgeneralisierung.
- Diskriminierung bei der klassischen Konditionierung meint Reizdiskriminierung.
- Inhibition bei der klassischen Konditionierung meint, dass der konditionierte Stimulus das Nichteintreten des unkonditionierten Stimulus vorhersagt.
- Das Gesetz der Erfahrung beschreibt, dass das Ergebnis eines vorangehenden Verhaltens das nachfolgende Verhalten beeinflusst.
- Operante Konditionierung ist Lernen von Verhaltenskonsequenzen.
- Verstärker sind alle Reize, die die Auftretenswahrscheinlichkeit von Verhalten beeinflussen können.
- Primäre Verstärker sind unkonditionierte Verstärker wie Nahrung und Schmerzen.
- Sekundäre Verstärker sind konditionierte Verstärker.
- Bei der operanten Konditionierung handelt es sich um Verhalten-Wirkung-Assoziationen.
- Generalisierung bei der operanten Konditionierung meint situationsübergreifendes Verhalten.
- Diskriminierung bei der operanten Konditionierung meint situationsspezifisches Verhalten.
- Inhibition bei der operanten Konditionierung meint die Vermeidung bestehender Reaktionen.
- Das Premack-Prinzip besagt, dass jedes Verhalten ein anderes Verhalten verstärken kann.
- Kontiguität meint die räumlich-zeitliche Nähe zwischen zwei Reizen (klassische Konditionierung) bzw. Reiz und Konsequenz (operante Konditionierung).
- *Kontingenz* bedeutet, dass das Vorkommen des einen Reizes immer mit dem Vorkommen des anderen Reizes bzw. der Reaktion verbunden ist.
- Kontingenz ist für Lernen wichtiger als Kontiguität.
- Gelernt wird nur, wenn Überraschendes passiert.
- Blockierung meint, dass eine bestehende Assoziation das Lernen einer neuen Assoziation verhindert.
- Welche Assoziation gebildet wird, hängt vom relativen Vorhersagebeitrag des Stimulus ab.
- Das Rescorla-Wagner-Modell ist eine mathematische Formulierung von Assoziationslernen in Abhängigkeit vom Ausmaß der Überraschung.
- Bestrafung ist ein wirksames Mittel zur Verhaltensunterdrückung, aber nicht zur Verhaltenslöschung.
- Verlernen ist Lernen von Neuem.

2

— *Forward chaining* (Shaping) ist eine vorwärtsgerichtete Verkettung einzelner Verhaltensschritte: Startverhalten + Teilverhalten 1 + Teilverhalten 2 + Teilverhalten 3 + … = Gesamtverhalten.

— *Backward chaining* ist eine rückwärtsgerichtete Verkettung einzelner Verhaltensschritte: Endverhalten + Teilverhalten n + Teilverhalten n-1 + Teilverhalten n-2 + … + Startverhalten.

— Fertigkeiten sind erlernte Fähigkeiten mit dem Ziel einer effizienten Aufgabenbearbeitung.

— Häufig wird beim Fertigkeitserwerb zwischen einer kognitiven, einer assoziativen und einer autonomen Phase unterschieden.

— Nach der Closed-Loop-Theorie erfolgt der Fertigkeitserwerb über einen Abgleich zwischen Ist- und Soll-Zustand.

— Die Schematheorie nimmt die Bildung von abstrakten Verhaltensprogrammen beim Fertigkeitserwerb an.

— *Passives Vermeidungslernen* meint das Unterlassen von Verhalten, um negative Konsequenzen zu vermeiden.

— *Aktives Vermeidungslernen* meint die Ausführung eines bestimmten Verhaltens, um negative Konsequenzen zu vermeiden.

— Vermeidungsverhalten in angstbezogenen Situationen kann nach dem Zwei-Faktoren-Modell der Angst zur Aufrechterhaltung der Angst beitragen.

— Bei der Konfrontationstherapie werden Betroffene mit dem angstauslösenden Reiz direkt konfrontiert, um neue Lernerfahrungen zu ermöglichen.

— Latentes Lernen meint Lernen, das nicht direkt im Verhalten sichtbar wird.

— Erlernte Hilflosigkeit ist das Ergebnis von Lernerfahrungen, bei denen der Organismus erlebte, keine Kontrolle und Einflussnahme zu haben.

— Um zu handeln, müssen wir lernen, welche Handlung mit welchem Ergebnis verknüpft ist und welches Ergebnis welche Handlungen verlangt (Handlungs-Ergebnis-Assoziationen).

Schlüsselbegriffe

Aberglaube, aktives Vermeidungslernen, Bedeutungstransfer, Bestrafung 1. Art, Bestrafung 2. Art, Blockierung, Chaining, Closed-Loop-Theorie, Diskriminierung, erlernte Hilflosigkeit, evaluative Konditionierung, Extinktion, Fertigkeit, Generalisierung, Gesetz der Erfahrung, Handlungs-Ergebnis-Assoziationen, Inhibition, klassische Konditionierung, Klickertraining, konditionierte Reaktion, konditionierter Stimulus, Konditionierung 1. Ordnung, Konditionierung 2. Ordnung, Konfrontationsthera-

pie, Kontiguität, Kontingenz, latentes Lernen, Modelllernen negativer Verstärker, neutraler Stimulus, nichtassoziatives Lernen,
operante Konditionierung, passives Vermeidungslernen, positiver Verstärker, Premack-Prinzip, primärer Verstärker, Reifung,
Reiz-Reaktions-Assoziation, Rescorla-Wagner-Modell, sekundärer Verstärker, Schematheorie, Sensitivierung, Shaping,
spontane Erholung, unkonditionierte Reaktion, unkonditionierter Stimulus, Verlernen, Vermeidungslernen, Verstärker,
Zwei-Faktoren-Modell der Angst

Literatur

Abramson, L. Y., Seligman, M. E., & Teasdale, J. D. (1978). Learned helplessness
in humans: Critique and reformulation. *Journal of Abnormal Psychology,
87*(1), 49–74.

Adams, J. A. (1971). A closed-loop theory of motor learning. *Journal of Motor
Behavior, 3*(2), 111–150.

Estes, W. K. (1944). An experimental study of punishment. *Psychological Monographs, 57*(3), i–40.

Evans, S. H. (1967). A brief statement of schema theory. *Psychonomic Science,
8,* 87–88.

Fitts, P. M. (1964). Perceptual-motor skill learning. In A. W. Melton (Hrsg.), *Categories of human learning* (S. 243–285). New York: Academic.

Fitts, P. M., & Posner, M. I. (1967). *Human performance.* Oxford: Brooks/Cole.

Frey, P. W., & Ross, L. E. (1968). Classical conditioning of the rabbit eyelid response as a function of interstimulus interval. *Journal of Comparative and
Physiological Psychology, 65*(2), 246–250.

Hiroto, D. S. (1974). Locus of control and learned helplessness. *Journal of Experimental Psychology, 102*(2), 187–193.

Kattner, F. (2012). Revisiting the relation between contingency awareness and
attention: Evaluative conditioning relies on a contingency focus. *Cognition and Emotion, 26*(1), 166–175.

Kiesel, A., & Koch, I. (2012). *Lernen. Grundlagen der Lernpsychologie.* Wiesbaden:
Springer VS.

Kroeber-Riel, W., & Weinberg, P. (2003). *Konsumentenverhalten* (8. Aufl.).
München: Vahlen.

Mikulincer, M. (1994). *Human learned helplessness: A coping perspective.*
New York: Plenum Press.

Miller, F. M., & Allen, C. T. (2012). How does celebrity meaning transfer? Investigating the process of meaning transfer with celebrity affiliates and ma-
ture brands. *Journal of Consumer Psychology, 22*(3), 443–452.

Mowrer, O. H. (1951). Two-factor learning theory: Summary and comment.
Psychological Review, 58(5), 350–354.

Neudeck, P., & Wittchen, H. U. (2004). *Konfrontationstherapie bei psychischen
Störungen: Theorie und Praxis.* Göttingen: Hogrefe.

Olson, M. A., & Fazio, R. H. (2001). Implicit attitude formation through classical
conditioning. *Psychological Science, 12*(5), 413–417.

Pavlov, I. P. (1927). *Conditioned reflexes.* London: Oxford University Press.

Premack, D. (1959). Toward empirical behavior laws: I. Positive reinforcement.
Psychological Review, 66(4), 219–233.

Rescorla, R. A., & Wagner, A. R. (1972). A theory of Pavlovian conditioning: va-
riations in the effectiveness of reinforcement and non reinforcement. In

2

A. H. Black & W. F. Prokasy (Hrsg.), *Classical conditioning II: current research and theory* (S. 64–99). New York: Appleton-Century-Crofts.

Schmidt, R. A. (1975). A schema theory of discrete motor skill learning. *Psychological Review, 82*(4), 225–260.

Schöllhorn, W. I., Beckmann, H., Janssen, D., & Michelbrink, M. (2009). Differenzielles Lehren und Lernen im Sport. Ein alternativer Ansatz für einen effektiven Sportunterricht. *Sportunterricht, 58*(2), 36–40.

Seligman, M. E. (1972). Learned helplessness. *Annual Review of Medicine, 23*, 407–412.

Seligman, M. E. (1975). *Helplessness: On depression, development and death*. San Francisco: Freeman.

Skinner, B. F. (1992). „Superstition" in the pigeon. *Journal of Experimental Psychology: General, 121*(3), 273–274 (reprinted article originally appeared in the *Journal of Experimental Psychology*, 1948, *38*, 168–272).

Thorndike, E. L. (1898). Animal intelligence: An experimental study of associative processes in animals. *Psychological Review Monographs Supplement, 5*, 551–553.

Tolman, E. C., & Honzik, C. H. (1930). Degrees of hunger, reward and non-reward, and maze learning in rats. *University of California Publications in Psychology, 4*, 241–256.

Wolpe, J. (1958). *Psychotherapy by reciprocal inhibition*. Stanford: Stanford University Press.

Wortman, C. B., & Brehm, J. W. (1975). Responses to uncontrollable outcomes: An integration of reactance theory and the learned helplessness model. In L. Berkowitz (Hrsg.), *Advances in experimental social psychology* (Bd. 8, S. 277–336). Academic, New York.

Modelllernen

© Springer-Verlag GmbH Deutschland, ein Teil von Springer Nature 2019
P. M. Bak, *Lernen, Motivation und Emotion*, Angewandte Psychologie Kompakt,
https://doi.org/10.1007/978-3-662-59691-3_3

3

Lernziele

— Die Besonderheiten und Funktionen des Imitationslernens beschreiben und anhand eines Praxisbeispiels erläutern können
— Befunde und Voraussetzungen zum sozialen Lernen wiedergeben und auf verschiedene Praxissituationen anwenden können

Einführung

Bisher haben wir Lernen stets unter der Perspektive betrachtet, dass ein Organismus in einer Lernphase etwas erfährt und dann in einer Abrufphase geprüft wird, ob die Erfahrungen aus der ersten Phase das Verhalten verändern. Vieles was wir im Leben lernen, lernen wir aber gar nicht, weil wir selbst die Erfahrungen machen, sondern weil wir beobachten, was anderen geschieht. Der jüngere Bruder lernt beispielsweise, den Vater lieber nicht beim Mittagsschlaf zu stören, weil er erlebt hat, was seiner älteren Schwester passierte, als sie dies tat. Ganz im Sinne des Vermeidungslernens lässt er seinen Vater lieber in Ruhe. Vieles, was wir lernen, lernen wir in einem sozialen Kontext, in der Interaktion mit anderen Menschen. Sie stehen uns quasi als Modelle zur Verfügung, wir ahmen sie nach oder imitieren sie, häufig ganz automatisch.

3.1 **Automatisches Imitationslernen**

Was mit automatischer Imitation gemeint ist, das hat vermutlich jeder von uns schon einmal erlebt. Wenn unser Gegenüber im Gespräch plötzlich gähnt, dann überkommt uns häufig ebenfalls das Bedürfnis zu gähnen, ganz so, als wäre dieses Verhalten ansteckend. Oder denken wir an das Lächeln eines Verkäufers, einer Verkäuferin, das uns zurücklächeln lässt, ganz so, als würden wir das Verhalten des anderen spiegeln. Dieses automatische Imitationsverhalten ist schon lange Gegenstand psychologischer Studien. So wies Carpenter bereits im Jahr 1874 darauf hin, dass die bloße Idee bzw. Vorstellung einer Handlung schon ausreichen, um die entsprechende ideo-motorische Handlung anzuregen (Carpenter 1874).

Chamäleon-Effekt

Wenn ich also eine Vorstellung davon habe, was im anderen gerade vorgeht, dann werden womöglich bei mir die gleichen Verhaltensweisen ausgelöst. Heute ist dieses Imitationsverhalten auch unter der Bezeichnung *Chamäleon-Effekt* bekannt (Chartrand und Bargh 1999) und wurde über ein großes Spektrum von Verhaltensweisen empirisch belegt, etwa Räuspern, mit dem Fuß wackeln oder Beine übereinanderschlagen. Dabei muss das soziale Modell noch nicht einmal physisch anwesend sein. Bereits kleine Kinder imitieren das Verhalten von Personen, die sie im Fernsehen sehen (z. B. Meltzoff 1988). Erwachsene machen das auch. Um das zu beobachten, bieten sich Sportveranstaltungen an, bei denen man unwillkürliche Nachahmungsbewegungen der Zuschauer sehr häufig sehen kann.

Das Nachahmen erfüllt eine wichtige soziale Funktion. Es fördert die soziale Interaktion und steigert die gegenseitige Sympathie und das gegenseitige Verständnis (Meltzoff 2005; Gueguen et al. 2009; siehe weiterführend dazu Bak 2016). Zudem ist es wichtig für grundlegende Lernprozesse, etwa beim Spracherwerb (z. B. Kuhl und Meltzoff 1996). Erkenntnisse zu den sogenannten *Spiegelneuronen* (Rizzolatti et al. 1996; Rizzolatti und Craighero 2004) liefern heute für diese offensichtliche Verzahnung von Beobachten und Handeln eine physiologische Erklärung. So ließ sich bei Affen zeigen, dass spezialisierte Hirnareale im prämotorischen Kortex ähnliche Aktivationsmuster entfalten, wenn eine Handlung ausgeführt oder sie nur beobachtet wird. Handeln und Beobachten scheinen also zwei eng miteinander verzahnte Aktivitäten zu sein. Damit die reine Beobachtung zum Handlungserleben führt, scheint es wichtig zu sein, dass der Beobachter das Handlungsziel erkennt (Umiltà et al. 2001). Der Nachweis solcher spezialisierter Neuronen beim Menschen hat sich zwar als schwierig erwiesen, die Existenz von Spiegelneuronen wurde sogar infrage gestellt (Lingnau et al. 2009). Neuere Forschungen belegen jedoch, dass es in der unteren Stirnwindung (Gyrus frontalis inferior), einer Struktur des Frontallappens, ein ganz ähnliches neuronales System auch beim Menschen zu geben scheint (Chong et al. 2008; Kilner et al. 2009; Rizzolatti und Fogassi 2014). Wir können daraus vorsichtig den Schluss ziehen, dass wir, wenn wir uns in andere Menschen hineinversetzen können, diese gleichzeitig imitieren. Und wenn wir sie imitieren, können wir sie auch besser verstehen. Imitationsverhalten ist daher sowohl Voraussetzung als auch Folge von Empathie (siehe dazu ausführlich Bak 2016).

Spiegelneuronen

3.2 Soziales Lernen

Nachahmungseffekte spielen in sozialen Zusammenhängen eine große Rolle. In neuen Umgebungen und Kontexten orientieren wir uns beispielsweise an dem Verhalten der anderen. Wer Kinder hat, der kennt die überraschenden Momente, in denen man das eigene Verhalten bei seinen Kindern beobachten kann. Wie wir im sozialen Kontext lernen, beschreibt die *sozial-kognitive Lerntheorie* von Bandura (z. B. 1979). Ausgangslage für Banduras Vor-

„Bobo-Doll-Experiment"

3

◘ **Abb. 3.1**   Eine Bobo-Doll wird malträtiert. (© Claudia Styrsky)

stellungen war u. a. das sogenannte Bobo-Doll-Experiment (Bandura et al. 1963). In dieser berühmten Studie sahen Kinder der Experimentalgruppe, wie eine Mitarbeiterin des Versuchsleiters eine aufgeblasene Puppe malträtierte, die „Bobo-Doll". Eine zweite Gruppe von Kindern sah das gleiche aggressive Verhalten, allerdings nur im Film. Eine dritte Gruppe schließlich sah ebenfalls aggressives Verhalten, allerdings als Zeichentrickfilm. Anschließend wurden die Kinder in einen anderen Raum gebracht, der zahlreiche Spielmöglichkeiten anbot, darunter auch eine Bobo-Doll-Puppe. Was sich nun zeigte war, dass alle Kinder, die aggressives Verhalten beobachten konnten, sei es real oder im Film, anschließend mit größerer Wahrscheinlichkeit ebenfalls zu aggressivem Verhalten gegenüber der Puppe neigten, als Kinder der Kontrollgruppe, die kein aggressives Verhalten gesehen hatten. Die Kinder hatten, so kann man daraus schließen, ein neues Verhalten durch reine Beobachtung gelernt und sobald die Gelegenheit dazu bestand, auch angewendet (◘ Abb. 3.1).

Hören Sie hier, wie uns Lernen durch Beobachtung in sozialen Kontexten hilft

In der sozial-kognitiven Lerntheorie findet sich also erneut die bereits bekannte Unterscheidung zwischen Akquisitionsprozessen, in denen gelernt wird, und Performanz, bei der das Gelernte gezeigt wird. Für die Akquisition sind besonders die Aufmerksamkeits- und Gedächtnisprozesse bedeutsam:

- **Aufmerksamkeit**: Um durch Beobachtung zu lernen, muss das Verhalten des Modells und dessen Folgen beachtet werden. Das bedeutet, dass beispielsweise die Menge an Aufmerksamkeitsressourcen, Ablenkungen oder der Grad der Involviertheit den Lernprozess beeinflussen können.
- **Gedächtnis**: Damit das Gesehene gelernt wird, müssen entsprechende mentale Repräsentationen aufgebaut und behalten werden. Außerdem muss das Gelernte später abrufbar sein.

Damit das Gelernte auch gezeigt wird (Performanz) spielen die Motivation und motorische Reproduktionsfähigkeit eine Rolle. Es muss also eine entsprechende **Motivation** bzw. Verstärkungserwartung vorliegen und der Lerner muss das Gelernte prinzipiell auch ausführen können (**motorische Reproduktionsfähigkeit**).

Als zentrale Größe beim Lernen und Handeln stellt sich nach Bandura die *Selbstwirksamkeit* heraus (siehe auch Schwarzer und Jerusalem 2002). Darunter versteht er die Überzeugung einer Person, eine bestimmte Situation bewältigen zu können. Genauer gesagt handelt es sich dabei um die Erwartung, eine bestimmte Handlung zur Erreichung eines bestimmten Ergebnisses ausführen zu können (*Kompetenzerwartung*). Dies spielt sowohl für die Akquisition als auch für die Performanz eine übergeordnete Rolle.

Selbstwirksamkeit

Die sozial-kognitive Lerntheorie Banduras hat großen Einfluss auf die Lernforschung genommen und die Entwicklung weiterer Theorien beflügelt, etwa die *Skript-Theorie* von Huesmann (1988), mit der aggressives Verhalten als Folge beispielsweise von Mediengewalt erklärt werden soll. Danach lernen wir durch Beobachtung anderer, wie wir uns in bestimmten Situationen verhalten können oder verhalten sollen. Man könnte auch sagen, wir lernen Drehbücher, oder eben *Skripte* für bestimmte Kontexte. Je häufiger wir Personen bei bestimmten Handlungssequenzen beobachten, umso schneller und einfacher sind die Handlungsskripte verfügbar. Je eher die aktuelle Situation der Lernsituation entspricht, in der das Skript ursprünglich gelernt wurde, umso wahrscheinlicher ist es, dass es zur skriptgemäßen Handlungsausführung kommt. Allerdings können etwa beim aggressiven Verhalten soziale Normen auch hemmende Wirkung haben. Je weniger allerdings Normen oder Verbote internalisiert wurden, die aggressivem Verhalten widersprechen, desto eher setzt sich das gelernte Skript durch.

Skript-Theorie

3

Blick in die Praxis: Wie (nicht vorhandene) Selbstwirksamkeit wirkt

Aus dem Sport kennen wir ein faszinierendes Beispiel für die Wirkung von Selbstwirksamkeit. Als Bob Beamon bei den Olympischen Sommerspielen einen neuen Weltrekord im Weitsprung schaffte, war das ein Rekord (fast) für die Ewigkeit. Er sprang sagenhafte 60 cm weiter als der bisherige Rekordhalter. Diese Leistung war so außergewöhnlich, dass man auch nach einer außergewöhnlichen Erklärung suchte. Man fand sie schließlich in der Höhenlage Mexikos, die man für die Leistungen des Athleten verantwortlich machte, wohlgemerkt nicht das Können Beamons. Diese „falsche" externe Ursachenzuschreibung mag ein Grund dafür gewesen sein, dass es sage und schreibe 23 Jahre dauerte, bis ein neuer Rekord aufgestellt wurde. Offensichtlich hatten nachfolgende Leichtathleten nie in Betracht gezogen, eine vergleichbare Leistung abrufen zu können. Erst nachdem im Jahr 1991 Mike Powell tatsächlich die magische Weite aus Mexiko übertreffen konnte, schaffte das vier Jahre später auch noch Iván Pedroso. Der Bann war offensichtlich gebrochen (Bandura 1997).

Blick in die Praxis: Gute Lernbedingungen

Die sozial-kognitive Lerntheorie kann auch als Grundlage dafür dienen, eine optimale Lernumgebung zu implementieren. So muss zunächst die Akquisition von Lerninhalten sichergestellt werden. Dazu muss darauf geachtet werden, dass die Lerninhalte mit Aufmerksamkeit bedacht werden. Dies kann beispielsweise dadurch erreicht werden, dass die Lernenden darauf hingewiesen werden, dass sie im Folgenden etwas Neues erfahren werden. Auch eine Änderung der Lernumgebung kann zum Neuigkeitsempfinden und dadurch zu erhöhter Aufmerksamkeit führen. Die Lerninhalte sollten darüber hinaus ein mittleres Komplexitätsniveau besitzen. Sind sie zu einfach, wird die Aufmerksamkeit womöglich auf andere Dinge gerichtet, sind sie zu schwer, reicht die Aufmerksamkeit vielleicht nicht aus, um alles Wichtige zu erfassen. Auch Faktoren des Lehrers/ Lehrerin spielen für die Aufmerksamkeitssteuerung eine Rolle,

z. B. Sympathie, Status, Alter, Geschlecht oder wahrgenommene Ähnlichkeit. Neben der Aufmerksamkeit gilt es, optimale Bedingungen für den Aufbau mentaler Repräsentationen sowie den Abruf des Gelernten herzustellen. So ist eine elaborierte Verarbeitung der Lerninhalte besonders wichtig. Dazu müssen die Lerninhalte mit bestehenden Wissensbeständen des Lernenden vernetzt werden.

Auch bietet es sich an, die Lerninhalte in unterschiedlichen Kontexten und Perspektiven darzubieten. Dadurch vermeidet man beispielsweise den Effekt der *Enkodierungsspezifität* und erhöht im Gegensatz dazu die Chance, das Gelernte in verschiedenen Situationen abrufen zu können. Zudem spielen motivationale Faktoren sowohl bei der Aufmerksamkeitssteuerung als auch bei der Etablierung von Gedächtnisspuren und der Ausführung gelernter Verhaltensweisen eine große Rolle. Hohe Motivation erreicht man etwa durch das Erzeugen persönlicher Relevanz oder auch emotionaler Faktoren wie Spaß und Freude beim Lernen. Um Personen dazu zu bringen, das Gelernte anzuwenden, muss das Ergebnis relevant bzw. entsprechend mit Verstärkungserwartungen assoziiert sein. Schließlich sollten die Lerninhalte unter optimalen Lernbedingungen unbedingt an die Fähigkeiten angepasst werden, d. h. die Lernenden sollten prinzipiell in der Lage sein, das zu Lernende auch ausführen zu können. Übergeordnet sollte den Lernenden eine Selbstwirksamkeitsüberzeugung vermittelt werden, in dem man z. B. erfolgreiche Lernerfahrungen aus der Vergangenheit in Erinnerung ruft, lobt und den Lernenden die Erwartung spiegelt, dass sie in der Lage sein werden, die anstehenden Aufgaben sicher zu bewältigen.

❓ Prüfungsfragen

1. Was versteht man allgemein unter Imitationslernen? Geben Sie dazu ein Beispiel aus dem Alltag.
2. Was bezeichnet der Chamäleon-Effekt?
3. Warum ist es wichtig, dass wir andere Personen nachahmen?
4. Was sind Spiegelneuronen und wofür sind diese verantwortlich?
5. Unter welchen Bedingungen ahmen wir andere besonders gut nach?

3

6. Studien zum Zusammenhang von Mediengewalt und realer Gewalt zeigen immer wieder, dass es keinen (starken) Zusammenhang gibt. Warum könnte Mediengewalt unter Lerngesichtspunkten dennoch problematisch sein?
7. Was besagt die Skript-Theorie? Erläutern Sie, wie man damit aggressives Verhalten Jugendlicher erklären könnte.
8. In der sozial-kognitiven Lerntheorie wird zwischen Akquisitionsprozessen und Performanz unterschieden. Was ist darunter genau zu verstehen? Welche Teilprozesse sind dabei zu beachten?
9. Was versteht man genau unter Selbstwirksamkeitserwartungen? Geben Sie dazu ein Beispiel.
10. Wie sehen aus Sicht der sozial-kognitiven Lerntheorie optimale Lernbedingungen aus?

Zusammenfassung

- Modelllernen, soziales Lernen, Beobachtungslernen oder Imitationslernen werden synonym verwendet.
- Mit automatischer Imitation meint man die unwillkürliche Nachahmung des Verhaltens eines Modells. Man bezeichnet das auch als Chamäleon-Effekt.
- Das Nachahmen ist für das gegenseitige Verständnis und das Entwickeln von Empathie wichtig.
- Beobachten und Handeln sind eng miteinander verzahnt und können im Gehirn ganz ähnliche Aktivationsmuster auslösen.
- In Studien konnte gezeigt werden, dass auch komplexe Verhaltensweisen durch Beobachtung gelernt werden können.
- Die sozial-kognitive Lerntheorie unterscheidet zwischen Akquisition und Performanz.
- Für die Akquisition sind Aufmerksamkeits- und Gedächtnisprozesse wichtig, für die Performanz spielen Motivation und motorische Reproduktionsfähigkeit eine Rolle.
- Selbstwirksamkeit ist eine Kompetenzerwartung und bezeichnet die allgemeine Überzeugung, eine Situation durch bestimmte Handlungen bewältigen zu können.
- Nach der Skript-Theorie lernen wir Verhaltensskripte (Drehbücher) für bestimmte Situationen durch Beobachtung, die dann abgerufen werden, wenn die aktuelle Situation der Lernsituation ähnelt.

Schlüsselbegriffe

Akquisition und Performanz, automatische Imitation, Bobo-Doll-Experiment, Chamäleon-Effekt, Kompetenzerwartung, Selbstwirksamkeit, Skript-Theorie, Spiegelneuronen

Literatur

Bak, P. M. (2016). *Zu Gast in Deiner Wirklichkeit. Empathie als Voraussetzung gelungener Kommunikation*. Heidelberg: Springer Spektrum.

Bandura, A. (1979). *Sozial-kognitive Lerntheorie*. Stuttgart: Klett.

Bandura, A. (1997). *Self-efficacy: The exercise of control*. New York: Freeman.

Bandura, A., Ross, D., & Ross, S. A. (1963). Imitation of film-mediated aggressive models. *The Journal of Abnormal and Social Psychology, 66*(1), 3–11.

Carpenter, W. B. (1874). *Principles of mental physiology with their applications to the training and discipline of the mind and the study of its morbid conditions*. New York: Dr. Appleton & Company.

Chartrand, T. L., & Bargh, J. A. (1999). The chameleon effect: The perception-behavior link and social interaction. *Journal of Personality and Social Psychology, 76*(6), 893–910.

Chong, T. T.-J., Cunnington, R., Williams, M. A., Kanwisher, N., & Mattingley, J. B. (2008). fMRI adaptation reveals mirror neurons in human inferior parietal cortex. *Current Biology, 18*(20), 1576–1580.

Gueguen, N., Jacob, C., & Martin, A. (2009). Mimicry in social interaction: Its effect on human judgment and behavior. *European Journal of Social Sciences, 8*(2), 253–259.

Huesmann, L. R. (1988). An information processing-model for the development of aggression. *Aggressive Behavior, 14*, 13–24.

Kilner, J. M., Neal, A., Weiskopf, N., Friston, K. J., & Frith, C. D. (2009). Evidence of mirror neurons in human inferior frontal gyrus. *Journal of Neuroscience, 29*(32), 10153–10159.

Kuhl, P. K., & Meltzoff, A. N. (1996). Infant vocalizations in response to speech: Vocal imitation and developmental change. *Journal of the Acoustical Society of America, 100*(4), 2425–2438.

Lingnau, A., Gesierich, B., & Caramazza, A. (2009). Asymmetric fMRI adaptation reveals no evidence for mirror neurons in humans. *Proceedings of the National Academy of Sciences, 106*(24), 9925–9930.

Meltzoff, A. N. (1988). Imitation of televised models by infants. *Child Development, 59*, 1221–1229.

Meltzoff, A. N. (2005). Imitation and other minds: The like me hypothesis. In S. Hurley & N. Chater (Hrsg.), *Perspectives on imitation: From neuroscience to social science* (Imitation, human development, and culture, Bd. 2, S. 55–77). Cambridge, MA: MIT Press.

Rizzolatti, G., & Craighero, L. (2004). The mirror-neuron system. *Annual Review of Neuroscience, 27*(1), 169–192.

Rizzolatti, G., & Fogassi, L. (2014). The mirror mechanism: Recent findings and perspectives. *Philosophical Transactions of the Royal Society, B: Biological Sciences, 369*(1644), 20130420.

3

Rizzolatti, G., Fadiga, L., Gallese, V., & Fogassi, L. (1996). Premotor cortex and the recognition of motor actions. *Cognitive Brain Research, 3*, 131–141.

Schwarzer, R., & Jerusalem, M. (2002). Das Konzept der Selbstwirksamkeit. In M. Jerusalem & D. Hopf (Hrsg.), *Selbstwirksamkeit und Motivationsprozesse in Bildungsinstitutionen* (S. 28–53). Weinheim: Beltz. (Zeitschrift für Pädagogik, Beiheft; 44).

Umiltà, M. A., Kohler, E., Gallese, V., Fogassi, L., Fadiga, L., Keysers, C., & Rizzolatti, G. (2001). I know what you are doing. A neurophysiological study. *Neuron, 31*(1), 155–165.

Implizites Lernen

© Springer-Verlag GmbH Deutschland, ein Teil von Springer Nature 2019
P. M. Bak, *Lernen, Motivation und Emotion*, Angewandte Psychologie Kompakt,
https://doi.org/10.1007/978-3-662-59691-3_4

4

Lernziele

━ Den Unterschied zwischen implizitem und explizitem Lernen erklären können
━ Die Frage klären, wie implizites Lernen nachweisbar ist und welche Folgen sich daraus für die psychologische Praxis ergeben

Einführung

Explizites Lernen kennzeichnet absichtsvolles, bewusstes Lernen, wie es etwa bei der mathematischen Beweisführung oder weitgehend beim Erlernen einer Fremdsprache im Sprachunterricht stattfindet. Unter implizitem Lernen versteht man dagegen Lernen, das unbewusst geschieht.

Vorurteile und Stereotype

Wir lernen, ohne es zu merken, ohne uns dazu entschlossen zu haben oder uns Mühe zu geben. Unsere Muttersprache etwa lernen wir auf diese Weise. Auch die exakte Schlägerhaltung beim Tennis, das Motivieren von Mitarbeitern oder Vorurteile und Stereotype lernen wir implizit. Allgemein sprechen wir stets dann von implizitem Lernen, wenn sich das Lernen zwar im Verhalten nachweisen lässt, die betreffende Person jedoch über kein verbalisierbares Wissen darüber verfügt. Das implizite Lernen unterscheidet sich also vom expliziten Lernen, da es eher beiläufig geschieht (inzidentell) und unbewusst ist. Da der Lernprozess nicht im Fokus der Person steht, kann man davon ausgehen, dass er auch an weniger Aufmerksamkeitsressourcen gebunden ist als das explizite Lernen. Stoffer (2000) beschreibt vier Merkmale des impliziten Lernens:

1. **Komplexität der Reizstrukturen:** Implizites Lernen ist' besonders effizient, wenn das zu Lernende komplex ist.
2. **Beiläufigkeit des Lernens:** Implizites Lernen geschieht ohne intentionale Ausrichtung der Aufmerksamkeit.
3. **Neuartigkeit des Reizmaterials:** Gelernt wird nur, wenn die Reizvorlage nicht durch bereits vorhandenes Wissen erklärt werden kann.
4. **Unbewusstheit des Lernens und des daraus resultierenden Wissens:** Sowohl der Lernvorgang selbst als auch der Abruf des Wissens geschehen ohne bewusste Steuerung. Wir wissen nicht, warum wir etwas können/wissen.

Hören Sie hier, wie implizites Lernen beim Erlernen einer Fremdsprache helfen kann

Besonders wichtig ist implizites Lernen überdies zu Beginn unseres Lebens, da wir in den ersten Lebensjahren das meiste nicht explizit lernen, sondern *en passant* (siehe dazu ausführlicher Oerter 2012). Betrachten wir im Folgenden drei unterschiedliche Formen des impliziten Lernens etwas genauer.

4.1 Komplexe Systeme

Was macht eine gute Managerin, einen guten Manager aus? Das ist bei einer solch anspruchsvollen Tätigkeit gar keine so einfache Frage. Natürlich hängt es jeweils von der Aufgabe ab, die es zu managen gilt und dennoch, gerade bei komplexen Arbeitsabläufen ist es mitunter schwierig, die genauen Voraussetzungen zu nennen, die eine Person benötigt, um die Aufgabe perfekt zu lösen. Das liegt u. a. auch daran, dass man nicht über das entsprechende explizite Lösungswissen verfügt. Implizit dagegen liegt das Wissen vielleicht vor. Aus der Gedächtnispsychologie wissen wir, dass Handlungswissen im *prozeduralen Gedächtnis* aufbewahrt wird und häufig implizit ist. Berry und Broadbent (1984) haben sich genauer mit dem Erwerb impliziten Wissens beschäftigt. Ihre Versuchspersonen tauchten in die Rolle eines Zuckerfabrikmanagers, der die Produktionsmenge erhöhen soll. Die einzige Steuerungsmöglichkeit bestand in dem Einsatz von Arbeitskraft. Allerdings wirkte sich diese auf komplexe Art und Weise auf die Produktionsmenge aus. Die tatsächliche Produktionsmenge wurde durch eine den Versuchspersonen nicht mitgeteilte Art und Weise berechnet. So konnten z. B. die jeweils vorangegangene Produktionsmenge oder auch zufällige Effekte Einfluss darauf nehmen. Es gab also kein explizites Regelwissen, das sich die Versuchspersonen hätten zu eigen machen können, um die Aufgabe mit Bravour zu lösen. Als impliziter Lerneffekt wurde der Umstand gewertet, dass Versuchspersonen mit zunehmender Zeit besser in der Lage waren, das gewünschte Produktionsniveau zu halten, ohne jedoch explizit angeben zu können, wie das Ergebnis zustande gekommen ist.

Prozedurales Gedächtnis

4

Blick in die Praxis: Brotbacken ist gar nicht so einfach

Ein gutes Brot zu backen, ist eigentlich nicht so schwer. Rezepte findet man schnell im Internet. Man braucht dazu nicht viel mehr als Mehl, Wasser, Zucker, Salz und ein Triebmittel, in der Regel Hefe oder Sauerteig. Und dennoch, wer sich an sein erstes Brot wagt, der wird vermutlich schnell die Erfahrung machen, dass ein gutes Brot zu backen am Anfang doch nicht so einfach ist, und das, obwohl man die Vorgehensweise exakt nach Rezeptvorgaben eingehalten hat. Warum ist das so? Ein Grund ist darin zu sehen, dass es viele Einflussfaktoren gibt, die darüber entscheiden, wie das Resultat ist. Luftfeuchtigkeit, Mehlsorte, Temperatur von Wasser und Umgebung, Art und Weise der Teigführung etc. Alle diese Faktoren lassen sich kaum in einem Rezept exakt festhalten. Es braucht daher Erfahrung und Flexibilität im Umgang mit Teig, bis das Ergebnis wie gewünscht ist. Und wenn es dann endlich soweit ist, dann ist man kaum in der Lage, den begeisterten Essern genau zu vermitteln, wie man das angestellt hat. Dem Wunsch „Gib mir doch mal das Rezept" müsste daher stets die Ergänzung folgen: „Dazu kommt noch: Üben, üben, üben."

4.2 Versteckte Kovariationen

Gangster erkennt man sofort!

Sie haben sicherlich schon einmal vor einem Menschen Furcht empfunden, obwohl sie ihn gar nicht kannten und nur, weil er irgendwie „böse" aussah. Viele von uns haben nämlich eine bestimmte Vorstellung davon, wie ein Bösewicht aussieht, obwohl wir natürlich wissen, dass es zwischen Aussehen und Moral keinen Zusammenhang gibt. Wie kommt das? Eine Erklärung dafür könnte sein, dass beispielsweise in den Medien Bösewichte eine gewisse Ähnlichkeit haben. Oft sind es z. B. Männer in einem bestimmten Alter, mit einem bestimmten Aussehen. In den 1970er-Jahren, zur Zeit des „kalten Krieges" konnte man sich z. B. ziemlich sicher sein, dass der Böse im Film ein „Russe" war. Und auch heute erkennt man den Bösewicht in vielen Krimiserien direkt, in der Regel viel früher als die Polizei!

Stereotype

Ganz offensichtlich lernen wir auch implizit Assoziationen zwischen Merkmalen, die faktisch gar nicht notwendigerweise zusammenhängen müssen und nur aufgrund des gemeinsamen Auftretens, wie dies beim Aussehen und dem Begehen einer Straftat der Fall ist. Viele unserer Stereotype sind das Ergebnis solcher Kovariationen (⊡ Abb. 4.1). Lewicki (1986; siehe auch Barker und Andrade

◼ **Abb. 4.1**   Professor, Arbeiter, Pädagoge? Stereotype sind häufig Ergebnis von Kovariationen. Wer ist hier was? (© Claudia Styrsky)

2006) hat diese Form des Lernens genauer untersucht. Er zeigte seinen Versuchspersonen Fotografien von Personen, die er entweder als „freundlich" oder „intelligent" markiert hatte. Die „freundlichen" Personen hatten dabei, ohne dass die Versuchspersonen das explizit erfuhren, in einer Gruppe stets kürzere Haare als die „intelligenten" Personen. In der anderen Gruppe verhielt es sich umgekehrt. Anschließend sollten die Versuchspersonen andere Personen danach beurteilen, ob diese freundlich oder intelligent waren. Dabei zeigte sich, dass die Urteile überzufällig häufig durch die „versteckte" Kovariation der Personenmerkmale aus der ersten Testphase beeinflusst wurden, ohne dass die Versuchspersonen im Abschlussinterview die Haarlänge als Urteilsbegründung angaben. Sie hatten offensichtlich implizit den Zusammenhang konstruiert.

Blick in die Praxis: Berufswahl und Geschlecht

Betrachtet man das Geschlechterverhältnis in unterschiedlichen Berufen, so lässt sich schnell feststellen, dass es „typische Männerberufe" und „typische Frauenberufe" gibt. Handwerker sind Männer, Krankenschwestern Frauen. Auch Köche sind häufig Männer, Erzieherinnen sind Frauen. Warum nur? Können Frauen nicht ebenso gut handwerklich tätig sein oder kochen? Und umgekehrt, können Männer sich etwa nicht gut um kranke Menschen oder im Kindergarten um den Nachwuchs kümmern? Prinzipiell schon, wären da nicht die versteckten Kovariationen: in der Öffentlichkeit und den Me-

4

dien gibt es eine Kovariation zwischen Geschlecht und Beruf. Zusammen mit vorhandenen sozialen Normen, die sich etwa auch in den elterlichen Begabungsattributionen ausdrücken (Buchmann und Kriesi 2012) und Veranlagungen kann daraus ein Teufelskreis entstehen. So mag dann beispielsweise ein Junge, der eigentlich gerne Pfleger werden möchte, sich nicht trauen, dies auch zu äußern oder dieses Ziel gar zu verfolgen. Stattdessen wählt er eine Ausbildung, von der er sich mehr soziale Unterstützung und Anerkennung erwartet. Damit trägt er aber gleichzeitig zur Festigung der normativen Vorstellungen von Frauen- und Männerberufen bei.

4.3 Sequenzlernen

Das Lernen und Erkennen von Abfolgen sind für viele Verhaltensweisen grundlegende Fähigkeiten, angefangen vom Sprechen, über Musik hören und selber spielen bis hin zu handwerklichen Tätigkeiten. Dass dies auch implizit geschieht, hat man in seriellen Reaktionszeitexperimenten genau untersucht. Typischerweise sehen diese Experimente folgendermaßen aus: Auf einem Monitor werden Sternchen auf einer von vier – meistens horizontal angeordneten – Positionen dargeboten. Aufgabe der Versuchspersonen ist es, so schnell wie möglich durch Tastendruck anzugeben, an welcher Position das Sternchen zu sehen war (Position 1 bis 4). Anschließend wird das nächste Sternchen dargeboten. Interessant ist nun der Vergleich der Reaktionsgeschwindigkeiten für zwei experimentelle Bedingungen. Bedingung A: das Sternchen erscheint auf einer zufällig ermittelten Position. Bedingung B: es gibt eine feste Reihenfolge der Abfolge, z. B. 3241213421, die blockweise wiederholt wird. Dabei zeigt sich, dass die Reaktionszeiten in Bedingung B deutlich kürzer sind im Vergleich zu Bedingung A. Die Versuchspersonen haben offensichtlich Erwartungen aufgebaut, die ihnen beim Reagieren Vorteile verschaffen, wobei das völlig außerhalb ihrer bewussten Wahrnehmung stattfindet, sie merken es noch nicht einmal (siehe dazu z. B. Nissen und Bullemer 1987).

? **Prüfungsfragen**

1. Was ist der Unterschied zwischen implizitem und explizitem Lernen?
2. Was sind versteckte Kovariationen? Erläutern Sie an einem Praxisbeispiel, an welcher Stelle unser Wissen durch solche Kovariationen entstanden ist.

3. Wie sieht das typische Paradigma zum Sequenzlernen aus?
4. Vieles, was wir lernen, lernen wir implizit. Welche Konse-quenzen ziehen Sie daraus für die wirtschaftspsychologi-sche Praxis? Geben Sie ein konkretes Beispiel dazu.
5. Welche Merkmale kennzeichnen implizites Lernen?
6. Was lässt sich besonders gut explizit lernen? Und was lässt sich besser implizit lernen?
7. Was kann man aus den Befunden zum Sequenzlernen ableiten? Wie könnte man das in der psychologischen Praxis nutzen?

Zusammenfassung

= Implizites Lernen ist „Lernen, ohne es zu merken".
= Implizites Lernen lässt sich nur an veränderten Verhaltenswei-sen ablesen.
= Implizites Lernen ist unbewusst und geschieht beiläufig.
= Implizites Lernen ist vor allem in den ersten Lebensjahren die einzige Form des Lernens.
= Implizites Lernen ist besonders effizient bei komplexen Reiz-mustern
= Explizites Lernen ist absichtsvolles und bewusstes Lernen.
= Wir lernen, ohne es zu merken, durch Kovariationen Merkmale.
= Viele Stereotype sind durch versteckte Kovariationen erlernt.
= Auch Reihenfolgen von Ereignissen lernen wir implizit.
= Implizit bezieht sich auf den Lernvorgang und den Abrufvor-gang.

Schlüsselbegriffe

Implizites Lernen, inzidentelles Lernen, Kovariationen, prozedurales Gedächtnis, Sequenzlernen

Literatur

Barker, L. A., & Andrade, J. (2006). Hidden covariation detection produces fas-ter, not slower, social judgments. *Journal of Experimental Psychology. Lear-ning, Memory, and Cognition, 32*(3), 636–641.

Berry, D. C., & Broadbent, D. E. (1984). On the relationship between task per-formance and associated verbalizable knowledge. *The Quarterly Journal of Experimental Psychology, Section A, 36*(2), 209–231.

Buchmann, M., & Kriesi, I. (2012). Geschlechtstypische Berufswahl: Bega-bungszuschreibungen, Aspirationen und Institutionen. In R. Becker &

4

H. Solga (Hrsg.), *Soziologische Bildungsforschung* (S. 256–280). Wiesbaden: Springer Fachmedien Wiesbaden.

Lewicki, P. (1986). Processing information about covariations that cannot be articulated. *Journal of Experimental Psychology: Learning, Memory, and Cognition, 12*(1), 135–146.

Nissen, M. J., & Bullemer, P. (1987). Attentional requirements of learning: Evidence from performance measures. *Cognitive Psychology, 19*(1), 1–32.

Oerter, R. (2012). Lernen en passant: Wie und warum Kinder spielend lernen. *Diskurs Kindheits- und Jugendforschung, 7*(4), 389–403.

Stoffer, T. H. (2000). Implizites Lernen von Reizstrukturen: Ist ein Erwerb impliziten musikalisch-syntaktischen Wissens allein durch Musikhören möglich? *Unterrichtswissenschaft, 28*(3), 218–238.

Motivation

Inhaltsverzeichnis

Determinanten des Verhaltens

© Springer-Verlag GmbH Deutschland, ein Teil von Springer Nature 2019
P. M. Bak, *Lernen, Motivation und Emotion*, Angewandte Psychologie Kompakt,
https://doi.org/10.1007/978-3-662-59691-3_5

5

Lernziele

— Die Begriffe Motiv, Motivation, Anreiz, Verhalten und Handeln definieren können und die Bedeutung für motivationspsychologische Zusammenhänge erkennen

Einführung

Warum lesen Sie eigentlich gerade diese Zeilen? Vielleicht, weil Sie den Stoff für die nächste Prüfung lernen müssen? Oder weil Sie das Thema spannend finden? Und warum machen Sie die Prüfung? Und warum finden Sie das Thema spannend? Was also motiviert Sie eigentlich gerade dazu, die Zeit mit diesem Buch zu verbringen?

Appetitives und aversives Motivationssystem

Die vielleicht allgemeinste Antwort auf die Frage, warum wir etwas tun, lautet, wir verhalten uns so, dass wir uns am Ende gut dabei fühlen, d. h. wir suchen möglichst positive Erlebnisse zu generieren und negative Erlebnisse zu vermeiden. Mit dieser Feststellung sind schon die Grundzüge motivierten Verhaltens definiert. Positiv bewertete Ereignisse aktivieren uns und setzen Verhalten in Gang, diese zu erreichen (*appetitives Motivationssystem*). Negative Ereignisse aktivieren uns ebenfalls und setzen Verhalten in Gang, diese zu vermeiden (*aversives Motivationssystem*). Gegenstand der Motivationspsychologie ist aber nicht nur die Frage, was uns antreibt und woher dieser Antrieb kommt, sondern auch was wir mit dem motivierten Verhalten bezwecken, worauf es ausgerichtet ist. Ein Grundproblem ist dabei, dass wir Motivation nur sehr schwer objektiv messen können. Wir sind einerseits auf Selbstauskünfte angewiesen. Aber wer weiß schon wirklich, warum er gerade tut, was er tut? Andererseits können wir Verhalten zwar beobachten, aber woran erkennen wir, ob eine Person besonders motiviert ist oder nur so tut als ob (■ Abb. 5.1)? Bevor wir uns genauer mit diesen Fragen beschäftigen, ist es angebracht, zunächst einige häufig in diesem Zusammenhang benutzte Begriffe etwas genauer zu betrachten. Wir sagen zum Beispiel, jemand ist *motiviert*, dies oder jenes zu tun, er hatte ein bestimmtes *Motiv*, er hatte ein *Bedürfnis* oder irgendetwas hatte offensichtlich hohen *Anreiz* für ihn. Was meinen wir genau mit diesen Begriffen?

◪ **Abb. 5.1** Manchmal fehlt uns die Motivation. Was könnten wir tun?
(© Claudia Styrsky)

5.1 Motiv, Anreiz und Motivation

Grundlegend gehen wir davon aus, dass Menschen Motive besitzen, die sich, wie wir später noch sehen werden, grob in drei Motivklassen einteilen lassen: das Machtmotiv, das Leistungsmotiv und das soziale Motiv. *Motive* können wir dabei als Vorlieben definieren, über Situationen hinweg auf bestimmte Reize auf bestimmte Art und Weise zu reagieren, also Reize bevorzugt motivthematisch zu interpretieren. Eine leistungsmotivierte Person wird beispielsweise situationsübergreifend auf Leistungsaspekte ansprechen. Eine sozial motivierte Person wird dagegen die gleiche Situation unter der Perspektive der Beziehungsgestaltung wahrnehmen. Motive beeinflussen also, wie wir Situationen wahrnehmen. Situationen ihrerseits unterscheiden sich darin, wie reizvoll sie für uns unter der motivthematischen Perspektive sind bzw. inwieweit sie in der Lage sind, Motive bei uns zu aktivieren – ein Prozess, den wir auch als *Motivierung* bezeichnen. Beim Betreten einer Sporthalle wird das Motiv nach Leistungserbringung womöglich eher ausgelöst, als bei einem Besuch in einem Kunstmuseum. Mit anderen Worten, Situationen können mehr oder weniger *Anreize* bieten. Anreize wären allgemein dann die Einschätzung, inwieweit die Situation unter motivthematischer Betrachtung förderliche bzw. hinderliche Aspekte bereithält. Aus dem Wechselspiel zwischen personalen Motiven und situativen

Motive sind dispositionale Vorlieben

5

```
┌─────────────────────────┐
│         Person          │
│ Bedürfnisse, Motive, Ziele │
└─────────────────────────┘
             │
             ▼
            ⊗  ────────▶ ┌──────────────┐        ┌──────────────┐
             ▲           │  Motivation  │ ─────▶ │  Verhalten   │
             │           └──────────────┘        └──────────────┘
┌─────────────────────────┐
│        Situation        │
│ Gelegenheiten, Anreize  │
└─────────────────────────┘
```

◨ **Abb. 5.2**   Motiviertes Verhalten hängt von zahlreichen personalen und Umweltfaktoren ab. „Klassisches Motivationsmodell" nach Rheinberg und Vollmeyer (2012)

Anreizen ergibt sich eine motivspezifische Motivation, ein situatives *Bedürfnis*, das dann konkretes Verhalten zur Bedürfnisbefriedigung in Gang setzt (vgl. ◨ Abb. 5.2).

Hören Sie hier mehr zu Motiven und wie diese unser Verhalten beeinflussen

Motivation ist ein Drang

Mit *Motivation* können wir also allgemein einen Zustand bezeichnen, bei dem Motive durch situative Reize aktiviert werden und ein Verhalten hin oder weg von diesen Reizen initiiert und aufrechterhalten wird. Motivation kann als Drang charakterisiert werden, sich zu verhalten. Damit wir erwünschte Zustände erreichen bzw. unerwünschte vermeiden können, ist es überdies wichtig, dass unser Verhalten auch gegen Widerstände aufrechterhalten bleibt und gegen alternative Verhaltensweisen abgeschirmt wird. Andernfalls würden wir wie der Esel zwischen den Heuhaufen permanent von einem Verhalten zum anderen pendeln, ohne einen Zielzustand zu erreichen. Das bedeutet, dass Motivation stets mit Selektions- und Inhibitionsprozessen verbunden ist. Wir wählen aus der Menge potenzieller Verhaltensweisen eine aus, halten diese über eine Zeitspanne hinweg aufrecht und schirmen sie gegen Alternativen ab. Motivation reguliert also den Beginn, die Richtung, die Dauer und die Intensität unseres Verhaltens. Wie wir im Folgenden sehen werden, haben sich diesen Prozessen viele theoretische Konzeptionen mit jeweils ganz unterschiedlichem Fokus gewidmet. Manche Konzeptionen, etwa die Triebtheorien, betonen die Bedeutung intrapersonaler Faktoren bei der Entstehung von motiviertem Verhalten. Andere, etwa die Feldtheorie, sehen in der Interaktion zwischen Umwelt und Person die adäquate Beschreibung von Verhalten. Handlungstheoretische Konzeptionen betonen demgegenüber die Rolle der Person, die in unterschiedlichen Umwelten versucht, ihre selbstgesteckten Ziele zu erreichen.

5.2 Verhalten und Handeln

Die Psychologie wird üblicherweise als die „Wissenschaft vom Erleben und Verhalten" beschrieben. Als *Verhalten* kann man grundsätzlich alle Geschehnisse definieren, die wir bei einer Person von außen beobachten können, die daher objektiv erfassbar sind und die sich gegenüber anderen Geschehnissen differenzieren lassen. Wenn wir also davon sprechen, dass sich jemand zielorientiert verhält, dann beschreiben wir ein von außen sichtbares Geschehen. Der Hinweis „von außen" ist dann zur Abgrenzung gegenüber dem Erlebensbegriff wichtig. Mit Erleben meinen wir nämlich in erster Linie bewusstseinsmäßige Geschehnisse, also „innere" Vorgänge, die nur durch das Individuum selbst erfahrbar und folglich stets subjektiv und von außen auch nicht direkt beobachtbar sind.

Wir haben in den Kapiteln zum Thema Lernen in den meisten Fällen von Verhalten gesprochen. *Handeln* wiederum wird häufig als eine spezielle Form des Verhaltens dargestellt, und zwar als intentionales (absichtsvolles) Verhalten. Genau genommen ist Handeln jedoch auch ein Erleben. Handlungen, da sie intentional gesteuert sind, sind demnach einerseits prinzipiell bewusstseinszugänglich und damit an eine subjektive Komponente gebunden, andererseits ist Handeln auch ein beobachtbares Geschehnis und dadurch objektivierbar.

Verschiedene Motivationstheorien setzen bei der Beschreibung und Erklärung menschlichen Verhaltens unterschiedliche Schwerpunkte. Bei Triebtheorien und behavioristischen Ansätzen spielen das Erleben und Handeln keine Rolle. Es sind biologische Prozesse und Notwendigkeiten, die unser Verhalten antreiben. Handlungstheoretische Ansätze wiederum verstehen menschliches Verhalten als ein durch unsere Ziele gesteuertes Geschehen. Hier steht also das intentionale Handeln im Fokus. Im handlungstheoretischen Zusammenhang sprechen wir beispielsweise von Zielen, die wir verfolgen und die uns motivieren. Ziele sind im Gegensatz zu Motiven räumlich und zeitlich konkreter und lassen sich eher als unmittelbare Einflussfaktoren auf unser Verhalten beschreiben. Wenn wir uns absichtsvoll verhalten, dann tun wir das nicht nur, weil ein Grundbedürfnis gestillt werden soll oder weil wir grundlegenden Motiven folgen, sondern weil wir ganz

Handeln ist intentionales Verhalten

5

konkret in eine Situation eingreifen, um ein Ziel zu erreichen. Sie haben zum Beispiel dieses Buch in der Hand, weil Sie vielleicht etwas über das Thema Motivation erfahren möchten. Motive sind im Gegensatz dazu abstrakter, allgemeiner und eher als entferntere Einflussfaktoren anzusehen. Sie legen generelle Präferenzen fest, nicht aber, wozu sich eine Person in einer Situation tatsächlich entscheidet. Aus diesen unterschiedlichen Perspektiven ergeben sich dann auch unterschiedliche Vorstellungen, was wir unter Motivation verstehen können, wie man Personen motivieren kann und wie man auch zu Verhaltensänderungen gelangt.

Schauen wir uns diese unterschiedlichen Vorstellungen im Folgenden etwas genauer an, beginnen wir mit den triebtheoretischen Konzeptionen.

❓ Prüfungsfragen

1. Was ist das übergeordnete Ziel menschlichen Verhaltens?
2. Grenzen Sie Verhalten und Handeln voneinander ab! Warum ist diese Unterscheidung bedeutsam?
3. Was verstehen wir unter Erleben? Warum ist Erleben subjektiv? Und was folgt daraus für die psychologische Arbeit?
4. Was sind Anreize? Und wovon hängen sie ab?
5. Was verstehen wir unter Motivation? Welche Bestandteile hat sie und welche Merkmale?
6. Was kann man unter einem Bedürfnis verstehen?
7. Woraus entsteht Motivation?
8. Was meinen wir, wenn wir von Zielen als proximalen Einflussfaktoren auf Verhalten sprechen?
9. Wenn uns die Motivation fehlt, an welchen Faktoren kann das liegen?

Zusammenfassung

- Menschliches Verhalten strebt allgemein danach, positive Zustände zu erreichen und negative Zustände zu vermeiden.
- Das appetitive Motivationssystem reguliert Verhalten zur Erreichung positiver Zustände.
- Das aversive Motivationssystem reguliert Verhalten zur Vermeidung negativer Zustände.

- Als Verhalten definieren wir Geschehnisse, die von außen beobachtbar sind und die sich von anderen Geschehnissen unterscheiden lassen.
- Erleben ist ein bewusstseinsmäßiges Geschehnis, das subjektiv wahrgenommen wird und von außen nicht beobachtbar ist.
- Mit Handeln meint man intentionales (absichtsvolles) Verhalten.
- Mit Anreiz charakterisieren wir, wie stark Reize, Situationen oder Zustände uns anziehen oder abstoßen.
- Motive sind dispositionale Vorlieben und Präferenzen, bestimmte Reize als Anreiz zu empfinden.
- Motivation ist ein Zustand, in dem wir uns, durch Anreize ausgelöst, in eine bestimmte Richtung hin verhalten, mit einer bestimmten Intensität und für eine bestimmte Dauer.

Schlüsselbegriffe

Anreiz, appetitives Motivationssystem, aversives Motivationssystem, Bedürfnis, Erleben, Handeln, Motiv, Motivation, Verhalten, Ziele

Literatur

Rheinberg, F., & Vollmeyer, R. (2012). *Motivation* (8. Aufl.). Stuttgart: Kohlhammer.

Triebtheorien der Motivation

© Springer-Verlag GmbH Deutschland, ein Teil von Springer Nature 2019
P. M. Bak, *Lernen, Motivation und Emotion*, Angewandte Psychologie Kompakt,
https://doi.org/10.1007/978-3-662-59691-3_6

6

Lernziele

= Die grundlegenden Prämissen triebtheoretischer Theorien kennen und kritisch hinterfragen können
= Die Theorie Freuds und die Triebtheorie Hulls im Überblick darstellen, auf ihren aktuellen Anwendungsbezug prüfen und kritisch hinterfragen können

Einführung

Triebtheorien haben generell ein mechanistisches Bild motivierten Verhaltens. Die Grundidee ist, dass es biologische Grundbedürfnisse gibt, die befriedigt sein wollen. Sind sie das nicht, entsteht eine Spannung, die irgendwann so groß geworden ist, dass sie entsprechend triebreduzierendes Verhalten in Gang setzt. Ganz ähnlich wie der Dampfkessel einer Lokomotive einen bestimmten Druck benötigt, um die Maschinen in Gang zu setzen, bedarf es auch beim Menschen eines Mindestmaßes an Spannung.

Spannung durch Deprivation

Eine ganz ähnliche Vorstellung wie die des Dampfkessels findet sich z. B. bei Konrad Lorenz (z. B. 1950). Der Verhaltensforscher ging davon aus, dass Verhaltensweisen das Ergebnis von Handlungsbereitschaften sind, die sich allmählich durch den Zufluss von Energie aufbauen. In seinem Modell löst dann ein Schlüsselreiz die Bereitschaft aus und es kommt zu einem Verhalten. Als Metapher für dieses Prinzip diente Lorenz ein hydraulisches Modell (vgl. ◘ Abb. 6.1). Man könnte triebgesteuertes Verhalten auch als einen permanenten Kreislauf zwischen Spannungserhöhung durch Mangel (Deprivation) und Spannungsreduktion durch Verhalten kennzeichnen. Auch bei Sigmund Freud oder der ebenfalls sehr einflussreichen Theorie von Clark L. Hull kommt dem Trieb als grundlegendem Erklärungsansatz für Verhalten eine große Bedeutung zu. Schauen wir uns das etwas näher an.

6.1 Triebtheorie von Sigmund Freud

Sigmund Freuds Ideen sind für die Psychologie bis heute sehr einflussreich. Ihm gebührt die Ehre, viele psychologische Konzepte und Vorstellungen in die Wissenschaft (und unseren alltäglichen Sprachgebrauch) eingeführt zu haben. Sein Werk ist sehr umfangreich, kann allerdings nicht als einheitlich angesehen werden. Viel-

mehr hat Freud seine Ideen fortlaufend modifiziert und erweitert. Es ist daher kaum möglich, dem Gesamtwerk hier auch nur annähernd gerecht zu werden, noch die Grundzüge darzustellen, da man diese genau genommen in Abhängigkeit von der theoretischen Entwicklung abbilden müsste. Im Folgenden sollen daher lediglich einige Vorstellungen beschrieben werden, die man mehr oder weniger als überdauernde Leitideen in der Konzeption Freuds ansehen kann und die für die Motivationspsychologie von Bedeutung sind (ein knapper Überblick findet sich z. B. bei Fisseni 2003).

6.1.1 Eros und Thanatos

Zunächst geht Freud allgemein davon aus, dass unsere Psyche nicht unabhängig von den biologischen Grundlagen betrachtet werden kann. Im Gegenteil, aus unserer Biologie ergeben sich Notwendigkeiten, die sich eben auch in psychischen Phänomenen abbilden. Wir verhalten uns, wenn wir ein Bedürfnis haben, und Bedürfnisse werden durch Triebe geweckt. Triebe wiederum sind körperlicher Art. Freud unterscheidet generell zwei Triebe, den *Lebenstrieb* (Eros) und den *Todestrieb* (Thanatos; vgl. Freud 1987). Der Lebenstrieb repräsentiert jene körperlichen Bedürfnisse, die etwas mit unserem Überleben zu tun haben, also Bedürfnisse wie Hunger, Durst oder Sexualität. Die Sexualität spielt in Freuds Vorstellungen dabei eine übergeordnete Rolle. Sie tritt als psychische Energie mit dem Namen *Libido* in Erscheinung. Die Libido ist die eigentlich treibende Kraft hinter unserem Verhalten, nicht nur für sexuelle Handlungen, sondern in sublimierter Form (Unterdrückung) auch z. B. für künstlerisches Schaffen. Der Todestrieb ist dagegen für unser (selbst-)zerstörerisches Verhalten verantwortlich. Es gibt nun viele Wege, auf denen Triebe unser Verhalten regulieren. Zunächst zielen Triebe auf ihre

Libido als treibende Kraft

6

direkte Befriedigung, die allerdings nicht immer möglich ist, z. B. weil Normen uns an der Triebbefriedigung hindern. Was passiert dann? Manchmal kehren sich die Bedürfnisse um (Verkehrung ins Gegenteil). Aus dem Wunsch sich zu entblößen (Exhibitionismus) wird so der Wunsch andere zu beobachten (Voyeurismus). Triebe können sich auch gegen die eigene Person richten, etwa dann, wenn aus dem Wunsch, anderen etwas anzutun (Sadismus), das Bedürfnis wird, sich selbst weh zu tun (Masochismus). Auch können unbefriedigte Triebe verdrängt und unterdrückt werden. Schließlich sucht sich der Trieb einfach über Umwege seine Befriedigung (Sublimierung), etwa dann, wenn der ungestillte Sexualtrieb im künstlerischen Schaffensprozess ausgelebt wird. Das triebgesteuerte Verhalten wird jedoch erst verständlich vor dem Hintergrund des Personenmodells, das Freuds Arbeit zugrunde liegt.

6.1.2 Es, Ich, Über-Ich: das Personenmodell

Lust- und Realitätsprinzip

Die Persönlichkeit setzt sich nach Freuds Vorstellungen aus drei Subsystemen zusammen, dem *Es*, dem *Ich* und dem *Über-Ich* (vgl. Freud 1987, ◘ Abb. 6.2). Das *Es* repräsentiert dabei unsere ungefilterte Biologie, all das, was wir als Organismus mit auf die Welt bringen, alles, was auf unserer Körperlichkeit gründet. Das Es ist archaisch und steht für das ungefilterte Verlangen, die pure Aggression, das Triebhafte. Es folgt dem *Lustprinzip* und hat keinen

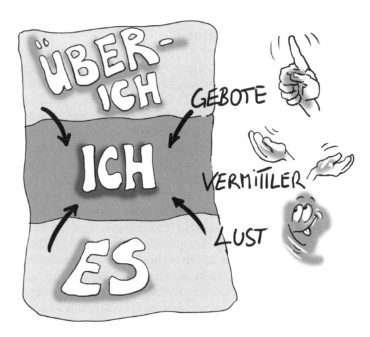

◘ **Abb. 6.2**   Die drei Instanzen in Freuds Persönlichkeitsmodell. (© Claudia Styrsky)

Platz für moralische Bewertungen. Das *Ich* hat die Aufgabe, zwischen dem Es und der Außenwelt zu vermitteln. Das Ich reguliert also die Impulse und Bedürfnisse des Es und richtet sie an den gegenwärtigen Erfordernissen aus, was dann auch mit der Entwicklung eines eigenen Charakters einhergeht. Das Ich verfährt nach dem *Realitätsprinzip*, es prüft also, inwiefern eine Triebbefriedigung möglich oder angemessen ist. Das *Über-Ich* schließlich repräsentiert Objekte (auch Personen, etwa den Vater) aus der Außenwelt, die über den Prozess der *Identifizierung* ins Ich aufgenommen wurden. Das Über-Ich reguliert als Gewissen unser Verhalten dadurch, dass Regelinstanzen verinnerlicht wurden. Wir verhalten uns auch in Abwesenheit unserer Eltern so, wie es sich gehört. Es, Ich und Über-Ich besitzen nicht immer die gleichen Ansprüche und Wünsche, wie es ideal wäre. Im Gegenteil können die drei Instanzen in Konflikt miteinander geraten. Das Ich als Vermittler, der die Ansprüche von Es und Über-Ich mit den Realitätsanforderungen in Einklang bringen muss, kann sich unter Umständen dazu genötigt sehen, Abwehrprozesse einzuleiten. Darunter versteht Freud Prozesse wie z. B. Verdrängung, Projektion, Reaktionsbildung, Regression und Dramatisierung.

■ **Beispiele für Abwehrmechanismen**
– *Verdrängung*: Eine unangenehme Verabredung wird schlicht vergessen.
– *Projektion*: Ein verheirateter Mann wirft seiner Frau vor, ihn nicht mehr zu begehren. In Wirklichkeit ist er es, der seine Frau nicht mehr begehrt.
– *Reaktionsbildung* (Verkehrung ins Gegenteil): Die eigentliche Freude am Schmutz, am Dreckigen äußert sich in übertriebener Reinlichkeit.
– *Regression*: Wir scheitern beim Versuch, einen Schrank zusammen zu bauen und werfen den Schraubenzieher wutentbrannt in die Ecke, wir werden zum kleinen wütenden, unkontrollierten Kind.
– *Dramatisierung*: Sie äußert sich im Gebrauch von Superlativen, etwa wenn wir davon sprechen, dass das Essen beim Italiener eine Katastrophe war!

Die Logik, nach der die Abwehr geschieht, lässt sich folgendermaßen skizzieren: Das Ich bemerkt ein Triebbedürfnis, das bei ihm Angst auslöst. Diese Angst kann umgangen werden, in dem das Triebbedürfnis aus dem Bewusstsein in das Unbewusste verschoben wird, wo der Trieb allerdings weiterarbeitet und sich auf andere Art und Weise seinen Weg in die Realität sucht.

Fassen wir zusammen: Motivation ist nach der Vorstellung Freuds ein Ergebnis von Triebimpulsen, die sich aus unbefriedigten Bedürfnissen ergeben. Die Triebenergie ist unspezifisch anzusehen, d. h. dass sich unbefriedigte Triebe auch durch triebferne

Verhaltensweisen stillen lassen. Kritisch ist hier anzumerken, dass es für viele von Freud vorgeschlagene Konzepte und Wirkmechanismen empirisch keine Bestätigung gibt. Viele von Freud beschriebene Phänomene lassen sich zudem heute durch andere Theorien deutlich besser erklären.

Blick in die Praxis: Ob Marktforschung oder Transaktionsanalyse – Freud ist überall

Auch wenn der überwiegende Teil der wissenschaftlich arbeitenden PsychologInnen sich kaum noch mit Freuds Theorien beschäftigt, seine Ideen, Konzepte und Annahmen sind nach wie vor omnipräsent. Die berühmte Couch fehlt selten in Filmen, wenn PsychologInnen bei der Arbeit dargestellt werden. Tiefenpsychologisch orientierte Interpretationen von Büchern sind nach wie vor in der Literaturwissenschaft vertreten. Und das bekannte Marktforschungsinstitut Rheingold Salon entwickelt „auf Basis tiefenpsychologischer Erkenntnisse strategische Umsetzungen und operative Lösungen" (▶ www.rheingold-salon.de). Auch in der Transaktionsanalyse (Berne 1970; siehe auch Hagehülsmann 2012), die häufig zur inter- und intrapsychischen Konfliktklärung und -beseitigung eingesetzt wird, finden sich viele Ideen, die auf Freuds Analyse der menschlichen Persönlichkeit basieren. So weist die Unterscheidung von „Eltern-Ich", „Erwachsenen-Ich" und „Kind-Ich" viele Gemeinsamkeiten mit dem Strukturmodell der Persönlichkeit (Ich, Es, Über-Ich) auf. Die Kenntnis tiefenpsychologischer Konzepte und Vorstellungen ist daher durchaus von Bedeutung. Sie werden in der Praxis noch immer dazu genutzt, Sachverhalte zu beschreiben oder sie verständlich zu machen. Allerdings werden sie nicht selten auch als wissenschaftlich fundiert bzw. allgemein anerkannt „verkauft". Dem muss aus wissenschaftlicher Sicht allerdings widersprochen werden, da es an empirischer Bestätigung mangelt bzw. viele Annahmen sich einer empirischen Prüfbarkeit entziehen.

6.2   Triebtheorie von Clark L. Hull

Eine andere, sehr einflussreiche Triebtheorie hat Clark Hull (1884–1952) vorgelegt. Man zählt ihn zu den *Behavioristen*, einer wissenschaftlichen Strömung, die sich, anders als Freud, bei der Analyse menschlichen Verhaltens ganz den objektiv messbaren

Phänomenen zugewandt hat. Psychische Beschreibungen, wie wir
sie von Freud kennen (bewusst, unbewusst, Verdrängung etc.),
haben hier keinen Platz, eher orientiert man sich an exakten Wis-
senschaften, etwa der Physik und setzt auf das Experiment als den
Königsweg zur Generierung verlässlichen Wissens.

Hulls Triebtheorie (1943, 1952) basiert auf den Erkenntnis-
sen der Lernforschung, insbesondere auf dem Konzept der
Verstärkung (vgl. dazu ▸ Abschn. 2.2). Wie bei Freud beginnt
Verhalten an dem Punkt, an dem biologische Bedürfnisse wie
Essen, Trinken und Sexualität gestillt werden müssen. Aus diesen ungestillten Bedürfnissen entsteht der eigentliche *Antrieb
(drive)*, der mit Zunahme an *Deprivation* größer wird. Das
konnten beispielsweise Warden, Jenkins und Warner (1936) in
Tierexperimenten nachweisen. Ihre Versuchstiere mussten ein
Elektrogitter überqueren, um ein zuvor durch Deprivation ge-
wecktes Bedürfnis (Hunger, Durst, Sex) zu befriedigen. Dabei
zeigte sich, dass die Bereitschaft, das aversive Gitter zu überqueren, mit zunehmender Deprivation anstieg. Allerdings ist
der Zusammenhang zwischen Entzugsdauer und Verhalten
keineswegs linear. Steigt die Verhaltenshäufigkeit zunächst an,
fällt sie anschließend wieder ab und bekommt dadurch einen
umgekehrt U-förmigen Verlauf (vgl. ◨ Abb. 6.3).

Antrieb durch Deprivation

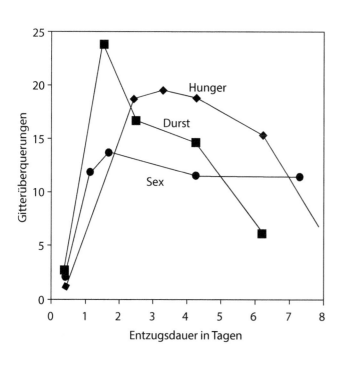

◨ **Abb. 6.3** Zusammenhang zwischen Deprivation und Verhalten. (Nach
Warden et al. 1936)

Yerkes-Dodson-Gesetz

Eine mögliche Erklärung für diesen Verlauf ist, dass die Tiere, insbesondere bei langem Nahrungs- bzw. Trinkentzug, zunehmend geschwächt waren, womöglich zu sehr, um den aversiven Reiz zu überwinden. Dafür spricht, dass v. a. Durst und Hunger zu einer geringer werdenden Aktivität führte, nicht aber der sexuelle Entzug. Der Befund ist aber auch noch aus einem anderen Grund bedeutsam. Das sogenannte Yerkes-Dodson-Gesetz (Yerks und Dodson 1908) beschreibt nämlich genau solch einen umgekehrt U-förmigen Zusammenhang zwischen Aktivation oder Erregung auf der einen Seite und Verhaltenseffizienz auf der anderen Seite (vgl. ◘ Abb. 6.4). In Experimenten mit Mäusen hatte sich gezeigt, dass ein mittleres Erregungsniveau (in dem Fall: mittlere Stärke eines Elektroschocks) zu den besten Lernergebnissen führte (hier: visuelle Diskriminationsaufgabe). Bei schwachen bzw. starken Elektroschocks war die Leistung schlechter, zumindest bei mittelschweren Aufgaben. Wie sich nämlich in weiteren Experimenten zeigte, hängt das Erregungsniveau auch von der Aufgabenschwierigkeit ab. Bei einfachen Aufgaben muss das Erregungsniveau höher sein, um die beste Leistung zu erzielen, bei schweren Aufgaben dagegen niedriger. Die Erregung in den Experimenten von Yerkes und Dodson lässt sich als Antriebsenergie definieren, von der Hull annimmt, dass sie unspezifisch ist, d. h. unabhängig von dem gerade deprivierten Bedürfnis. Sie kann dadurch theoretisch in alle möglichen Richtungen gelenkt werden, wie bei Yerkes und

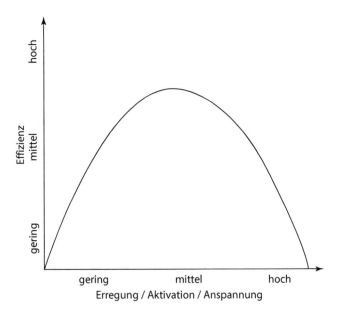

◘ **Abb. 6.4** Zusammenhang zwischen Leistungseffizienz und Aktivationsniveau (Yerkes-Dodson-Gesetz)

Dodson beispielsweise in die Leistungseffizienz. Lernerfahrungen sorgen jedoch dafür, dass die unspezifische Energie nicht willkürlich ausgerichtet wird, sondern in ein Verhalten mündet, das sich in der Vergangenheit in ähnlichen Deprivationszuständen als günstig erwiesen hat. Diese zentrale Annahme Hulls lässt sich durch die Formel **Verhalten = Antrieb × Gewohnheit** beschreiben (Hull 1943). Antrieb ist dabei die unspezifische Triebenergie, Gewohnheit (*habit*) meint das durch Verstärkungslernen erworbene Verhalten. Aus der Formel ergeben sich interessante Konsequenzen: zum einen, dass der Antrieb allein nicht für Verhalten ausreicht, zum anderen, dass eine Gewohnheit allein ebenfalls nicht zu Verhalten führt.

Hören Sie hier mehr über Verhaltensgewohnheiten im Zusammenhang mit dem Rauchen

Blick in die Praxis: Mit leichter Überforderung zu maximaler Leistung

Aus dem Yerkes-Dodson-Gesetz lässt sich eine interessante Ableitung treffen. Wenn nämlich die Leistung bei mittlerer Erregung am besten ist, dann sollten wir uns vor allem solchen Aufgaben widmen, die uns zwar vor Herausforderungen stellen, also uns nicht zu einfach erscheinen, die aber auch nicht zu schwer sind. Um unser Leistungsmaximum zu erreichen, wären demnach Aufgaben optimal, die uns ein bisschen überfordern. Das gilt übrigens auch für die anstehenden Prüfungen. Ein bisschen Nervosität und Lampenfieber gehören vor der Prüfung dazu! Eher sollte man sich Sorgen machen, wenn man zu ruhig und gelassen ist, dann nimmt man die Aufgabe womöglich zu leicht und wird nicht das Optimum erreichen. Im Sport kann dieses Phänomen ebenso beobachtet werden: Denken wir dazu nur an den DFB-Pokal, bei dem schon so einige große Mannschaften ihr „blaues Wunder" erlebten, wenn sie eine Mannschaft aus einer unteren Klasse unterschätzt haben.

Hull leitete seine Annahmen u. a. aus Experimentalbefunden von Perin (1942) ab. Dieser untersuchte Ratten, die er zuvor darauf

6

konditioniert hatte, bei Hunger auf einen Hebel zu drücken, um Nahrung zu erhalten. Die Ratten unterschieden sich darin, wie häufig sie für dieses Verhalten verstärkt wurden. In der eigentlichen Testphase, die nach einer dreistündigen Hungerphase einsetzte, wurden die Tiere gar nicht mehr verstärkt, d. h. das gelernte Verhalten wurde gelöscht. Was Perin interessierte war, wie lange die Tiere trotz ausbleibender Verstärkung den Hebel noch betätigten (Löschresistenz). Es zeigte sich nun, dass die Löschresistenz mit der Anzahl an vorherigen Verstärkungen anstieg, die Tiere also längere Zeit vergeblich dabeiblieben, den Hebel zu drücken. Dies kann als Beleg für den Einfluss der Gewohnheiten (*habits*) auf Verhalten gewertet werden. Noch interessanter werden die Befunde Perins, wenn man sie im Zusammenhang mit den Ergebnissen von Williams (1938) bringt, der eine ähnliche Versuchsanordnung gewählt hatte, in der Testphase jedoch Tiere beobachtete, die weitaus länger hungerten, ganze 22 Stunden. Im direkten Vergleich mit den Beobachtungen Perins zeigt sich nämlich, dass mit steigender Bekräftigung der Unterschied in der Löschresistenz zwischen den Ratten Williams und Perins immer größer wird, was für einen multiplikativen Zusammenhang zwischen Triebstärke (drive) und Verstärkungsgeschichte (habit) spricht (◨ Abb. 6.5).

Triebstärke ist unspezifisch

Die Triebstärke ist in Hulls Konzeption unspezifisch, d. h. ein unbefriedigter Trieb erhöht zwar den Antrieb, gibt aber nicht vor,

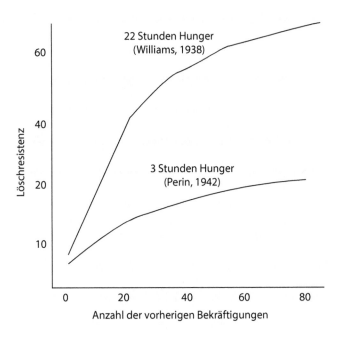

◨ **Abb. 6.5**   Einfluss von Verstärkung und Deprivationsdauer auf die Löschresistenz

auf welche Weise Befriedigung erfolgen soll. Das würde bedeuten, dass die Triebenergie, die durch ungestillten Hunger entsteht, beispielsweise auch durch eine andere Tätigkeit befriedigt werden könnte. Was sich zunächst seltsam anhören mag, ist eine direkte Folge der Hullschen Formel Verhalten = Antrieb × Gewohnheit, denn es wird ja das Verhalten gezeigt, das die erfolgreichste Verstärkungsgeschichte besitzt. Und tatsächlich finden sich dafür auch experimentelle Belege. Webb (1949) beispielsweise testete die Annahme Hulls direkt. Er konditionierte seine Ratten in 100 Durchgängen, eine Tür zu öffnen, hinter der sich Futter befand. Anschließend unterteilte er seine Tiere in verschiedene Gruppen. So gab es Tiere, die weder Hunger noch Durst hatten, andere Tiere waren durstig aber nicht hungrig, wieder andere waren hungrig aber nicht durstig. Nun geschah es, dass durstige Tiere das zuvor verstärkte Verhalten zeigten, obwohl das ja in der Vergangenheit nicht den Durst, sondern den Hunger gestillt hatte.

Blick in die Praxis: Problemerleben oder „Mit dem Kopf durch die Wand"

Betrachtet man die Ratten der eben vorgestellten Studien, könnte man beinahe Mitleid bekommen. Getrieben durch Hunger wenden sie vergeblich die Lösungsstrategie an, die in der Vergangenheit zum Erfolg geführt hat. Sie sehen einfach keine Alternative. Wer jetzt denkt, dass es sich dabei ja nur um „dumme Tiere" handelt, der sollte bedenken, dass auch wir zu ganz ähnlichem Verhalten neigen, und zwar ganz häufig. Auch wir lösen Aufgaben und Herausforderungen auf eine Weise, die wir in der Vergangenheit bereits mit Erfolg angewandt haben. Das Anwenden von erfolgreichen Lösungswegen ist ja geradezu ein Merkmal von Kompetenz. Hin und wieder jedoch funktionieren die bekannten Methoden nicht. Und was machen wir dann? Wir probieren es nochmal, weil wir eher meinen, etwas nicht genauso gemacht zu haben wie sonst oder es eben nur intensiver probieren müssen, um Erfolg zu haben. Scheitern wir nochmals, setzen wir unser Bemühen in gleicher Weise fort, nur noch intensiver. Auf den Gedanken, einmal einen ganz anderen Lösungsweg zu gehen, kommen wir nicht. Zu dem eigentlichen Problem gesellt sich dann noch ein weiteres Problem, nämlich die Betriebsblindheit, mit der wir an der Problembewältigung arbeiten. Das Einnehmen einer ganz anderen Perspektive kann da manchmal Wunder wirken. Unternehmen haben das übrigens auch schon erkannt. Hat man viele

Experten im Team, so mag das einerseits zwar zu einer besonders effizienten Arbeitsweise führen. Tauchen jedoch Probleme und Hindernisse auf, dann kann zu viel Expertise geradezu hinderlich sein, da keine neuen und innovativen Problemlösestrategien entwickelt werden. Um diesen Prozess zu unterstützen bestückt man Teams daher häufig mit fachfremden Personen, was am Ende der Vielfalt an Perspektiven zugutekommt (Stichwort *Diversity*).

Blick in die Praxis: Schadet Sex vor dem Sport?

Hulls Annahme, wonach unbefriedigte Triebenergie unspezifisch ist, erfährt auch aus ganz anderer Richtung Unterstützung. Wäre es nicht günstig, wir könnten durch Deprivation Energie gewinnen, die wir dann gezielt einsetzen? Also z. B. einfach nichts essen, um besser Sport zu treiben? Das wäre vermutlich nicht günstig, weil uns dann wichtige Energiebausteine fehlen würden. Aber wie sieht es mit unserer sexuellen Energie aus? Können wir die nicht wenigstens aufsparen, um noch mehr Leistung zu erzielen? Das ist keine neue Idee. „Kein Sex vor dem Sport!" ist vielmehr für viele Sportler ein Imperativ. Dahinter verbirgt sich folgende simple Annahme: Sexueller Entzug führt zu Frustration, die wiederum zu Aggressivität führt. Und diese ist entscheidend, um das Maximum an körperlicher Leistung abzurufen. Auch hormonelle Gründe werden aufgeführt, wie z. B. der niedrige Testosteron-Spiegel nach dem Sex.

Die empirische Befundlage dazu ist nicht eindeutig, was auch dem Umstand geschuldet sein mag, dass es viele Sportarten mit ganz unterschiedlichen Anforderungen gibt (Konzentration, Kraft, Ausdauer) und ein echte experimentelle Untersuchung nur in den seltensten Fällen durchgeführt wurde, die Wirkzusammenhänge daher nur unzureichend analysiert werden konnten. Die Literaturübersicht lässt aber den Schluss zu, dass Sex – zumindest am Vorabend – die sportliche Leistung kaum beeinflusst (vgl. die Metastudie von Stefani et al. 2016). Wenn überhaupt, dann lassen sich nur kurzfristig negative Auswirkungen belegen (Soori et al. 2017).

Hulls Konzeption basiert in erster Linie auf Tierexperimenten. Menschen, so die Kritik, sind aber nun einmal keine Ratten, sie werden durch andere Bedürfnisse angetrieben als Hunger und Durst. Und überdies: wie kommt es, dass wir in der Regel essen, wenn wir

hungrig sind und trinken, wenn wir durstig sind, uns also triebspezifisch verhalten? Ist es nicht so, dass bisher völlig außer Acht gelassen wurde, dass auch die Menge an Belohnung einen gehörigen
Anteil der Motivation ausmacht? Um diese Fragen zu beantworten,
hat Hull seine Theorie in verschiedene Richtungen weiterentwickelt. Er ergänzte sein Modell um die Unterscheidung von *primären*
und *sekundären Trieben,* die *Triebreize* und den Begriff der *Anreize.*

6.2.1 Primäre und sekundäre Triebe

Primäre Triebe beruhen auf physiologischen Bedürfnissen, also
z. B. Hunger, Durst, Schmerz. Sie sind nicht gelernt und werden
ausgelöst, sobald ein entsprechender Defizitzustand vorliegt. Der
Großteil unseres Verhaltens wird jedoch durch andere, nicht physiologische Bedürfnisse ausgelöst. Wie kann man das erklären?

Lernerfahrung als
Motivation

    Nach Hulls Vorstellungen wird Verhalten nur ausgeführt, wenn
die Triebstärke >0 ist, andernfalls fehlt die energetisierende Kraft.
Ein Experiment von Miller (1948) stellt diese Annahme jedoch infrage. Er setzte seine Versuchstiere in eine von zwei benachbarten
Kammern, eine weiße und eine schwarze, die durch eine Tür voneinander getrennt waren. Zu Beginn hatten die Tiere die Möglichkeit, in beide Kammern zu gehen. Dabei zeigte sich keinerlei Präferenz für eine Kammer. Anschließend setzte Miller seine Tiere zu
Beginn in die weiße Kammer und verabreichte ihnen harmlose
Elektroschocks, woraufhin die Tiere in die schwarze Kammer
wechselten. In einem weiteren Durchgang wurden Tiere nicht geschockt – näherten sie sich allerdings der geschlossenen Tür, wurde
diese geöffnet. In dieser Versuchsbedingung zeigten die Tiere weiterhin Vermeidungsverhalten, d. h. sie wechselten in die schwarze
Kammer. In der nächsten Phase wurden die Tiere ebenfalls nicht
geschockt, konnten jedoch die Tür durch das Drehen einer Rolle
öffnen. Die Hälfte der Tiere lernte diesen neuen Schritt. Schließlich
lernten die erfolgreichen Tiere in einem letzten Schritt auch noch,
die Tür durch Betätigen eines Hebels zu öffnen, ohne dass ihnen ein
Schock verabreicht worden wäre. Die Tiere lernten also, ohne dass
ein primärer Trieb im Spiel war. Die Erklärung: Die Furcht vor dem
Schock energetisierte die Tiere, oder allgemein gesprochen, die
Lernerfahrung motivierte die Tiere. Hull nahm daher an, dass Situationen oder Reize, die mit einem Trieb assoziiert sind, dann selbst
zu einem Trieb werden (sekundäre Triebe).

6.2.2 Triebreize

Hulls Theorie hatte noch ein weiteres Problem. Die Triebenergie
ist zwar unspezifisch, in der Regel befriedigen wir deprivierte
Triebe allerdings triebspezifisch, d. h. wir essen, wenn wir hungrig

sind und wir trinken, wenn wir durstig sind. Um das zu erklären, erweiterte Hull seine Konzeption noch um die *Triebreize*. Dabei handelt es sich um bedürfnisspezifische Empfindungen. Hunger fühlt sich eben anders an als Durst, Schmerz anders als Müdigkeit. Ist der Organismus in der Lage, zwischen diesen unterschiedlichen Zuständen zu unterscheiden, werden jeweils vor allem solche Verhaltensweisen aktiviert, die in der Vergangenheit in ähnlichen Situationen verstärkt wurden. Dadurch ergibt sich etwa bei Hunger v. a. für hungerreduzierende Verhaltensweisen eine größere Ausführungswahrscheinlichkeit, da die Bedürfnisbefriedigung als Verstärker wirkt.

6.2.3 Anreiz

In der einfachen Version von Hulls Triebtheorie ist Verhalten eine Funktion von Antrieb und Gewohnheit. Dies reicht jedoch zur Erklärung nicht aus, wie ein Experiment von Crespi (1942) zeigt. Seine Tiere mussten eine Wegstrecke absolvieren, um an Futter zu gelangen. Verschiedene Tiergruppen erhielten unterschiedlich viel Futter. Schaut man sich nun die Laufgeschwindigkeit an, dann sieht man, dass die Tiere, die mehr Futter bekamen, auch schneller ins Ziel liefen. Wie durch Hulls Theorie vorhergesagt, zeigte sich, dass das verstärkte Verhalten von Mal zu Mal dominanter wurde und dass Tiere, die mehr Futter bekamen (also mehr verstärkt wurden), besonders schnell an das Futter gelangten. Nachdem auf diese Weise die Verhaltensgewohnheit aufgebaut war, wurde die Verstärkung verändert. Tiere, die gewohnt waren, viel Futter zu erhalten, bekamen nun wenig. Und Tiere, die vorher mit wenig Futter belohnt wurden, erhielten auf einmal mehr. Dieser Anreizwechsel führte in kurzer Zeit dazu, dass die vorher sichtbaren Gruppenunterschiede verschwanden. Diese Verhaltensmodifikation kann aber weder durch eine veränderte Triebstärke (sie wurde konstant gehalten), noch durch den Aufbau einer Gewohnheit erklärt werden (das Verhalten änderte sich abrupt). Die Ergebnisse zeigen, dass Verhalten also nicht nur durch innere Bedürfnisse sondern auch durch äußere Faktoren beeinflusst werden kann.

Hull ergänzte infolgedessen seine Formel durch die Hinzunahme einer weiteren Komponente, den Anreiz. Verhalten ist demnach eine Funktion von Gewohnheit (H = *habit*), Antrieb (D = *drive*) und Anreiz (I = *incentive*): f(V) = H × D × I (Hull 1952). An dieser Stelle sei der Hinweis erlaubt, dass die Idee, menschliches Verhalten in Formeln auszudrücken, wie es in den behavioristischen Ansätzen häufig anzutreffen ist, eine Genauigkeit der Erklärung und Vorhersage nahelegt, die faktisch in den meisten Fällen so nicht gegeben ist. Formeln wie die von Hull dienen je-

doch dazu, die Art und Weise wie die Einflussgrößen zusammenwirken (z. B. multiplikativ oder additiv) zu veranschaulichen.

Blick in die Praxis: Weniger Belohnung ist manchmal mehr!

Nach der Theorie Hulls, insbesondere unter Hinzunahme der
Anreizkomponente, könnte man zu dem Schluss kommen,
dass man Verhalten von außen v. a. dann gut motivieren kann,
wenn die Anreizmenge besonders hoch ist. Wie spätere Studien zeigen, ist das aber nicht unbedingt der Fall. So zeigten
Lepper et al. (1973), dass eine zu erwartende Belohnung Kinder dazu bringt, ein bestimmtes Verhalten sogar seltener und
weniger sorgfältig durchzuführen, als Kinder, die das gleiche
Verhalten ohne Belohnung zeigten. Dieser Befund wird als Bestätigung des *overjustification effects* (Korrumpierungseffekt)
angesehen, wonach das intrinsische Interesse einer Person an
einer Tätigkeit reduziert werden kann, indem man die Tätigkeit external belohnt, die Verursachung des Antriebs also von
innen nach außen verlagert wird. Die Vorstellung Hulls, wonach der Anreiz einer äußeren Quelle entspringt, muss daher
noch ergänzt werden um die innere Anreizmenge.

Hören Sie hier, warum bei der
Belohnung weniger manchmal mehr ist

Hulls theoretische Konzeptionen waren ein sehr fruchtbarer Ausgangspunkt für zahlreiche weiterführende Studien. Aufgrund sei-
nes Formalisierungsgrades eignet sich die Konzeption für die empirische Testung besonders gut. Auch viele Alltagsphänomene lassen
sich gut mit Hulls Theorie beschreiben und erklären. Andererseits
gibt es aber auch Verhaltensweisen, die sich nur schlecht oder gar
nicht durch Hulls Annahmen erklären lassen, etwa das Neugierver-
halten. Das explorative und ziellose Erkunden kann z. B. nur
schlecht als triebgesteuert angesehen werden. Vor allem aber die
Erweiterung, dass auch äußere Faktoren das Verhalten beeinflussen, ebnete den Weg für theoretische Erklärungen, in denen Umweltfaktoren eine bedeutende Rolle für motiviertes Verhalten spielen. Triebe allein reichen offensichtlich zur Erklärung nicht aus.

Triebtheorien sind
unzureichend

? Prüfungsfragen

1. Was versteht man unter einem Trieb? Und wie kann ein Trieb Verhalten motivieren?
2. Triebe werden häufig mit einem Dampfkesselmodell beschrieben. Erläutern Sie diese Metapher und geben Sie dazu ein Alltagsbeispiel.
3. Erläutern Sie die Struktur des Persönlichkeitsmodells von Freud und beschreiben Sie die Funktion der einzelnen Komponenten.
4. Was versteht man unter Sublimierung? Geben Sie dazu ein Alltagsbeispiel.
5. Welchen Zusammenhang beschreibt das Yerkes-Dodson-Gesetz? Geben Sie dazu ein anwendungspraktisches Beispiel.
6. Was bedeutet, ein Trieb wird triebunspezifisch befriedigt?
7. Erläutern Sie das Verhaltensmodell von Hull in seiner einfachen Form. Begründen Sie, warum eine Erweiterung notwendig war.
8. Was ist der Unterschied zwischen primärem und sekundärem Trieb?
9. Was versteht Hull unter Gewohnheit (habit)?
10. Was ist ein Anreiz? Und wie können Anreize Verhalten beeinflussen?

Zusammenfassung

- Triebgesteuertes Verhalten wird durch Deprivation in Gang gesetzt.
- Triebe entsprechen körperlichen Bedürfnissen.
- Als Lebenstrieb beschreibt Freud jene körperlichen Bedürfnisse, die mit unserem Selbsterhalt zu tun haben.
- Der Todestrieb steht für unser (selbst-)zerstörerisches Verhalten.
- Mit Libido wird die uns energetisierende Kraft bezeichnet.
- Triebe können nicht immer direkt befriedigt werden, tauchen aber in sublimierter Form auf.
- Die Persönlichkeit einer Person setzt sich nach Freud aus den drei Instanzen Es, Ich und Über-Ich zusammen.
- Das Es repräsentiert das ungefiltert Triebhafte in uns, das Über-Ich steht für die verinnerlichten Normen, dem Ich kommt die Vermittleraufgabe zwischen Es und Über-Ich zu.

- Konflikte zwischen den drei Instanzen der Persönlichkeit können Abwehrmechanismen in Gang setzen.
- Nach dem Yerkes-Dodson Gesetz ergibt sich die beste Leistung bei mittelschweren Aufgaben und mittlerem Erregungsniveau.
- Nach Hull lässt sich Verhalten als Funktion von Antrieb und Gewohnheit verstehen.
- Triebe energetisieren uns triebunspezifisch.
- Der Antrieb entsteht zunächst aus ungestillten Primärbedürfnissen (Hunger, Durst, Sexualität).
- Mit Gewohnheit ist das durch Verstärkungsprozesse gelernte Verhalten gemeint.
- Sekundäre Triebe sind Reize, die durch Konditionierungsprozesse mit den primären Trieben assoziiert wurden.
- Triebreize beschreiben situationsspezifische Empfindungen.
- Mit Anreiz bezeichnet Hull das Ausmaß der Verstärkung, das mit äußeren Reizen einhergeht.
- Hulls erweitertes Modell beschreibt Verhalten als Funktion von Gewohnheit (H = *habit*), Antrieb (d = *drive*) und Anreiz (I = *incentive*): f(V) = H × D × I.

Schlüsselbegriffe

Abwehr, Anreiz, Antrieb, Deprivation, Dramatisierung, Eros, Es, Gewohnheit, Ich, Libido, primärer Trieb, Projektion, Reaktionsbildung, Regression, sekundärer Trieb, Thanatos, Trieb, Triebreiz, Über-Ich, Verdrängung, Yerkes-Dodson-Gesetz

Literatur

Berne, E. (1970). *Spiele der Erwachsenen. Psychologie der menschlichen Beziehungen*. Reinbek: Rowohlt.

Crespi, L. P. (1942). Quantitative variation of incentive and performance in the white rat. *The American Journal of Psychology, 55*(4), 467–517.

Fisseni, H. J. (2003). *Persönlichkeitspsychologie: Ein Theorienüberblick*. Göttingen: Hogrefe.

Freud, S. (1987). *Gesammelte Werke Jenseits des Lustprinzips. Massenpsychologie und Ich-Analyse. Das Ich und das Es* (9. Aufl. Bd. 13.). Frankfurt a. M.: S. Fischer.

Hagehülsmann, U. (2012). *Transaktionsanalyse – wie geht denn das?* (6. Überarb. Aufl.). Paderborn: Junfermann.

Hull, C. L. (1943). *Principles of bevhavior: An introduction to behavior theory*. New York: Appleton-Century Crofts.

Hull, C. L. (1952). *A behavior system: An introduction to behavior theory concerning the individual organism*. Westport: Greenwood Press.

Lepper, M. R., Greene, D., & Nisbett, R. E. (1973). Undermining children's intrinsic interest with extrinsic reward: A test of the „overjustification" hypothesis. *Journal of Personality and Social Psychology, 28*(1), 129–137.

6

Lorenz, K. Z. (1950). The comparative method in studying innate behavior patterns. Physiological mechanisms in animal behaviour. In *Symposia of the Society for Experimental Biology IV* (S. 221–268). Cambridge: Cambridge University Press.

Miller, N. E. (1948). Studies of fear as a acquirable drive: I. Fear as a motivation and fear-reduction as reinforcement in the learning of new responses. *Journal of Experimental Psychology, 38,* 89–101.

Perin, C. T. (1942). Behavior potentiality as a joint function of the amount of training and the degree of hunger at the time of extinction. *Journal of Experimental Psychology, 30*(2), 93–113.

Soori, M., Mohaghegh, S., Hajian, M., & Yekta, A. A. (2017). Sexual activity before competition and athletic performance: A systematic review. *Annals of Applied Sport Science, 5*(3), 5–12.

Stefani, L., Galanti, G., Padulo, J., Bragazzi, N. L., & Maffulli, N. (2016). Sexual activity before sports competition: A systematic review. *Frontiers in Physiology, 7,* article 246.

Warden, C. J., Jenkins, T. N., & Warner, L. H. (1936). *Comparative psychology.* New York: Ronald Press.

Webb, W. B. (1949). The motivational aspect of an irrelevant drive in the behavior of the white rat. *Journal of Experimental Psychology, 39*(1),1–14.

Williams, S. B. (1938). Resistance to extinction as a function of the number of reinforcements. *Journal of Experimental Psychology, 23*(5), 506–522.

Yerkes, R. M., & Dodson, J. D. (1908). The Relation of Strength of Stimulus to Rapidity of Habit Formation. *Journal of Comparative Neurology & Psychology, 18,* 459–482.

Feldtheorie

Lernziele

— Die Feldtheorie Lewins überblicksartig und unter Betrachtung des Personen- und Umweltmodells sowie von Spezialfällen (z. B. Zeigarnik-Effekt, Verhaltenskonflikte, Präferenzwechsel) darstellen, auf ihren aktuellen Anwendungsbezug überprüfen und kritisch hinterfragen können

Einführung

Eine im Vergleich zu den Triebtheorien völlig andere Beschreibung und Erklärung für menschliches Verhalten liefert die Feldtheorie von Kurt Lewin (1890–1947). Menschliches Verhalten wird nicht mehr durch biologisch bedingte Triebe erklärt, sondern im jeweiligen Kontext betrachtet und analysiert. Damit bietet uns die Feldtheorie eine nach wie vor sehr moderne Konzeption zur ganzheitlichen Betrachtung unseres Verhaltens.

7

Verhalten ist eine Funktion von Person und Umwelt

Der Name Feldtheorie leitet sich von einem der Grundgedanken seiner theoretischen Ausführungen ab: „Jedes Verhalten oder jede sonstige Veränderung innerhalb eines psychologischen Feldes ist einzig und allein vom psychologischen Feld *zu dieser Zeit* abhängig" (Lewin 1951/2012, S. 88). Mit Feld wiederum ist tatsächlich ein abgrenzbarer Raum gemeint, in dem verschiedene Gegebenheiten vorliegen und verschiedene Kräfte wirken. Ohne diesen Lebensraum zu kennen, ist ein Verständnis des anderen nicht möglich. Verhalten lässt sich nach Lewin stets nur als eine Funktion von *Person* und *Umwelt* beschreiben: f(V) = P × U. Das heißt, wie und ob eine Person handelt, liegt nicht nur an Faktoren innerhalb des Individuums, sondern hängt eben auch von den Umweltgegebenheiten ab. Wie man sich das im Einzelnen vorstellen kann, hat Lewin in einem Personenmodell und einem Umweltmodell genau beschrieben (Lewin 1951/2012).

7.1 Personenmodell

Periphere und zentrale Bereiche

Das Personenmodell beschreibt die unterschiedlichen Bedürfnisse und Ziele einer Person. Dabei unterscheidet Lewin zentrale und periphere Bedürfnisbereiche (vgl. ◻ Abb. 7.1). Bereiche, die sich in der Nähe voneinander befinden, entsprechen auch ähnlichen Bedürfnissen. Zentrale Bedürfnisbereiche sind für die Person insgesamt bedeutsamer. Handeln geschieht jedoch immer nur

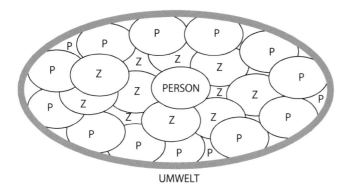

Abb. 7.1 Personenmodell (Z = Zentrale Bereiche, P = Periphere Bereiche)

im Kontakt mit der Außenwelt, mit der wir in sensumotorischem Kontakt stehen. Das bedeutet, konkrete Bedürfnisse, spezifische Ziele und situative Absichten sind an der Peripherie der Person angeordnet, während grundlegende, die Person charakterisierende Ziele sich an zentraler Stelle befinden. Periphere und zentrale Bereiche sind allerdings miteinander verbunden, wodurch die konkreten Tätigkeiten einen Zielbezug zu zentraleren Zielen bekommen.

Zentrale Zielbereiche lassen sich überdies nicht nur durch eine konkrete Handlung befriedigen. So kann sich beispielsweise das Bedürfnis nach Liebe oder Anerkennung auf verschiedene Arten und Weisen konkretisieren. Die eigentlich energetisierende Komponente in dem Modell sind die Bedürfnisspannungen, die entstehen, wenn Bedürfnisse unbefriedigt sind. Diese Spannungen aktivieren dann Verhaltensweisen, die auf das Bedürfnis bezogen sind und dieses stillen sollen.

Die Annahme bedürfnisspezifischer Energie ist ein wichtiger Unterschied zu der Konzeption von Hull, bei dem die Triebdeprivation unspezifische Energie aufbaut. Spannungszustände können überdies auf benachbarte Bereiche übergehen, etwa wenn eine direkte Bedürfnisbefriedigung nicht möglich ist. In diesen Fällen kommt es zu *Ersatzhandlungen* bzw. Ersatzbefriedigungen, welche dann besonders wirkungsvoll sind, wenn sie Spannungen reduzieren, die der eigentlichen Spannung ähnlich sind. Wenn ich mich beispielsweise gerne sportlich betätigen möchte, ich aber am Joggen gehindert werde, kann ich mein Bedürfnis auch durch Radfahren oder Schwimmen befriedigen. Darüber hinaus geht Lewin davon aus, dass Spannungszustände auch mit entsprechenden mentalen Veränderungen einhergehen, die Wahrnehmung, Gedächtnis und allgemein das Denken und Fühlen beeinflussen. Dies ist eine nach wie vor sehr moderne Annahme, der wir später im Zusammenhang mit dem Handlungsregulationsmodell von

Ersatzhandlungen

7

Zeigarnik-Effekt

Gedankliche Bindung und
Rumination

Heckhausen nochmals als „Bewusstseinslagen" (*mental sets*) begegnen werden (vgl. ▶ Abschn. 9.1).

Wie Bedürfniszustände und mentale Zustände zusammenwirken, kann anhand des *Zeigarnik-Effekts* (Zeigarnik 1927) verdeutlicht werden. Eine Schülerin Lewins, Bluma Zeigarnik, untersuchte die Wirkung von Spannungszuständen auf das Gedächtnis. In ihren berühmten Experimenten gab sie Versuchspersonen eine ganze Reihe von Aufgaben vor (Falten von Papierfliegern, ein Gedicht aufschreiben, etwas kneten, eine Vase mit Blumen malen, Papierschlangen falten etc.), die es zu erledigen galt. Allerdings wurden die Teilnehmer beim Erledigen der Aufgaben unterbrochen, so dass sie diese nicht zu Ende bringen konnten. Anschließend untersuchte sie, welche Aufgaben am besten im Gedächtnis behalten wurden. Es zeigte sich, dass vor allem die unerledigten Aufgaben erinnert werden. Als Erklärung führte Zeigarnik an, dass die unerledigten Aufgaben eine unbefriedigte Spannung darstellen, die deswegen eine „gedächtnismäßige Bevorzugung" erhalten (Zeigarnik 1927).

Eine weitere Bestätigung dieser Annahme resultiert aus einer Studie von Marrow (1938). Seine Versuchspersonen hatten wie bei Zeigarnik verschiedene Aufgaben zu erledigen und wurden ebenfalls dabei unterbrochen. Die Unterbrechung war jedoch aus Sicht der Teilnehmer ein Zeichen dafür, dass der Versuchsleiter mit der bisherigen Aufgabenbearbeitung zufrieden war, es also keiner weiteren Bearbeitung mehr bedurfte, die Arbeit somit erledigt war. Jetzt zeigte sich ein umgekehrter Effekt, nämlich, dass die unterbrochenen Aufgaben sogar weniger in Erinnerung blieben als die erledigten („umgekehrter Zeigarnik-Effekt").

Wie stark sich Spannungen durch unerledigte Aufgaben auch in unmittelbarem Verhalten widerspiegeln, zeigt eine Versuchsreihe von Ovsiankina (1928). Sie unterbrach ihre Versuchspersonen bei der Aufgabenbearbeitung, entweder indem plötzlich eine andere Aufgabe vorgegeben wurde oder aufgrund eines zufälligen Ereignisses. Der Versuchsleiter ließ beispielsweise eine offene Schachtel Büronadeln zu Boden fallen, wobei die Teilnehmer dann halfen, diese aufzuheben (spontan oder nach Aufforderung). Nach der Unterbrechung zeigten die Teilnehmer eine starke Tendenz zur Wiederaufnahme der unterbrochenen Aufgabe. Die Bindung an die Aufgabenbearbeitung war so stark, dass sich manche Personen regelrecht weigerten, die Aufgabe zu unterbrechen. Wenn doch, so wurde die Aufgabenbearbeitung sofort wieder aufgenommen, obwohl es keine explizite Aufforderung dazu gab. In einer Versuchsbedingung war es den Teilnehmern sogar verboten worden, die Aufgabe zu beenden. Aber auch das hinderte die Teilnehmer nicht daran, das Werk zu vollenden, zur Not dann verdeckt und heimlich. Das Phänomen der gedanklichen Fixierung taucht im Übrigen auch in neueren theoretischen Konzeptionen auf, etwa als *Rumination* (Martin und Tesser 1996). Damit ist die wiederkehrende, gedankliche Beschäftigung (Grübeln) mit einem bestimmten Thema oder Problem gemeint, die uns häufig so stark vereinnahmt, dass für andere Beschäftigungen wenig Raum vorhanden ist.

Blick in die Praxis: Bloß keinen Stress! Richtig Abschalten und weg mit dem Smartphone!

Jeder, der einer beruflichen Tätigkeit nachgeht, die sich über einen Zeitraum erstreckt, kennt das Phänomen, dass man Schwierigkeiten hat, nach der Arbeit den Kopf frei zu bekommen. Auch in der Freizeit denkt man an die unerledigten Aufgaben, man fühlt sich gestresst. Dem kann man unter Umständen Abhilfe schaffen, indem man die komplexe Aufgabenstellung in Teilaufgaben unterteilt und versucht, mit einer fertigen Teilaufgabe in den Feierabend zu gehen, sich also klarmacht, dass man sein Tagespensum heute zufriedenstellend erledigt hat. Auch das schriftliche Fixieren der to-dos kann dabei helfen. Man kann zwar damit die Aufgabe nicht erledigen, aber das dauernde Grübeln darüber, und man kann die Angst etwas minimieren, etwas Wichtiges zu vergessen. Übrigens ist auch das Smartphone ein ständiger Stressfaktor. Die Angst etwas zu verpassen hält uns unter Spannung, was uns von anderen Dingen ablenkt und sich negativ auf unser Wohlbefinden auswirken kann (z. B. Cheever et al. 2014).

7.2 Umweltmodell

Neben den personalen Faktoren berücksichtigt Lewin bei seinen Überlegungen auch den Umstand, dass individuelles Verhalten sich stets in einem Lebensraum, also der Umwelt abspielt. Dieser Raum ist nicht objektiv sondern subjektiv indem er Objekte, Hindernisse, Möglichkeiten aufweist, die mit dem gegenwärtigen Zustand der Person, ihren Zielen und ihren Merkmalen zu tun haben. Zwei Personen können daher in ein und derselben objektiven Umwelt ganz unterschiedliche subjektive Umwelten erleben. Dies ist für das gegenseitige Verständnis bedeutsam, wie an folgendem Zitat deutlich wird: „Nie wird ein Lehrer ein Kind mit Erfolg angemessen leiten können, wenn er nicht die psychologische Welt verstehen lernt, in der das individuelle Kind lebt. Eine Situation ‚objektiv' beschreiben heißt in der Psychologie in Wirklichkeit: die Situation als die Gesamtheit jener Fakten und ausschließlich jener Fakten beschreiben, die das Feld des betreffenden Individuums ausmachen. Diese Welt

Verhalten findet stets in einem Lebensraum statt

7

des Individuums durch die Welt des Lehrers, des Arztes oder sonst jemandes zu ersetzen ist nicht objektiv, sondern falsch" (Lewin 1951/2012, S. 104). Dies ist eine nach wie vor aktuelle Betrachtungsweise (vgl. etwa Bak 2015). Je nach Verfassung der Person verändert sich also die Umwelt. Manche Dinge fallen uns dann besonders auf, andere dagegen übersehen wir. Objekte der Umwelt haben überdies anziehende oder abstoßende Wirkung auf die Person (◘ Abb. 7.2). Günstige Gelegenheiten, Bedürfnisbefriedigung versprechende und positive Objekte ziehen uns an. Negative Objekte, Gefahren, Unangenehmes stoßen uns ab.

Um diese Dynamiken der Umwelt zu beschreiben und zu erklären, nimmt Lewin ein spezifisches Zusammenwirken der drei Faktoren *Valenz (V)*, *Distanz (D)* und *Kraft (K)* an. Mit Valenz (V) ist die affektive Bewertung eines Umweltobjektes gemeint. Sie ist nicht objektimmanent, sondern verändert sich von Situation zu Situation und in Abhängigkeit von der Bedürfnislage der Person. Ein Briefkasten lässt uns z. B. im Allgemeinen ziemlich kalt. Es sei denn, wir haben gerade einen frankierten Brief in der Hand, den wir einwerfen möchten. In dem Fall kann sogar ein Briefkasten positive Valenz bekommen, da er für die Zielerreichung von entscheidender Bedeutung ist. Haben wir den Brief dann eingeworfen, verliert der Briefkasten augenblicklich an Wert (positive Valenz) und verschwindet völlig aus unserem Denken. Es gibt sogar Objekte, deren Valenz völlig umschlägt. Wenn wir hungrig sind, dann beurteilen wir ein Stück Käsekuchen mehr als nur positiv. Haben wir dann genug gegessen, tun wir womöglich alles, um bloß nicht mehr an Kuchen zu denken (negative Valenz). Positive Objekte ziehen uns an, negative stoßen uns ab. Die Valenz eines Objektes ergibt sich also einerseits aus unserer Bedürfnisspannung, andererseits aus den Eigenschaften des Objektes, das Be-

◘ **Abb. 7.2**   Die Valenz von Objekten hängt von den Zielen und Bedürfnissen der Person ab. (© Claudia Styrsky)

dürfnis zu befriedigen. Je eher das gelingen mag, umso positiver das Objekt und umgekehrt, je eher das Objekt ein Hindernis darstellt, umso negativer die Bewertung.

Valenz ist aber zur Erklärung von anziehenden und abstoßenden Kräften im Lebensraum noch nicht ausreichend. Entscheidend kommt noch die Distanz (D) der Objekte hinzu. Je weiter entfernt ein positives Objekt ist, desto geringer werden seine anziehenden Kräfte und je weiter weg ein negatives Objekt ist, desto geringer seine abstoßenden Kräfte. Mit Distanz ist nicht nur die räumliche und zeitliche Distanz gemeint, sondern auch die psychologische Distanz, womit allgemein die Einschätzung der Erreichbarkeit gemeint ist. Die von den Objekten ausgehenden Kräfte lassen sich dann mit folgender Formel ausdrücken: K = V/D. Die anziehende Kraft eines Objektes ergibt sich aus der Valenz, die an der Distanz relativiert werden muss. Wenn wir an den Briefkasten von eben denken, dann wird er im Vergleich zu einem anderen Briefkasten, der einen Kilometer weiter weg ist, deswegen eine größere Attraktivität besitzen, nicht weil der andere Briefkasten nicht ebenso positiv für meine Zielerreichung wäre, sondern weil dieser eben viel näher ist. Umgekehrt kann ein weiter entfernt gelegenes Objekt mich stärker anziehen, wenn seine Valenz die eines näher gelegenen Objektes übersteigt. Dies gilt für konkrete Objekte wie auch für zielorientiertes Handeln. Statt den unmittelbaren aber eher unwichtigen Erfolg zu genießen, warten wir lieber noch (überbrücken eine größere Distanz), bis wir das wichtige Ziel erreicht haben. Allerdings passiert häufig auch etwas anderes und wir lassen uns durch die sich kurzfristig ergebende Chance zu einer Entscheidung hinreißen, an deren Ende das weniger attraktive Objekt den Zuschlag bekommt. Das Sprichwort „Gelegenheit macht Diebe" mag diesen Umstand, der auch als *Präferenzwechsel* bekannt ist, illustrieren.

Kraft = Valenz/Distanz

7.3 Präferenzwechsel

Stellen wir uns folgende Situation vor: Sie wollen sich einen neuen Computer kaufen. Das von Ihnen präferierte Modell übersteigt jedoch das verfügbare Budget. Sie schätzen, dass es noch 8 Wochen dauert, bis Sie das Geld zusammen haben. Bei einem zufälligen Besuch in einem Elektronikmarkt werden Sie durch ein Angebot aufmerksam auf einen anderen Computer, der zwar in einigen Punkten schlechter ist als das von Ihnen gewünschte Gerät, aber zu einem wirklich sehr günstigen Sonderangebotspreis angeboten wird. Der Haken dabei: Das Sonderangebot gilt nur heute. Nicht wenige werden jetzt zugreifen. Sie auch? Wenn ja, dann liefert die Feldtheorie eine gute Erklärung dafür. Die Wahlsituation lässt sich als Wahl zwischen einem Objekt minderer Wertigkeit, das aber sofort verfügbar ist (*smaller-sooner reward*) und einem Objekt größe-

Smaller-sooner vs. larger-later reward

rer Wertigkeit, das aber noch (lange) nicht verfügbar ist (*larger-later reward*) skizzieren. Da die Kraft, die von einem Objekt ausgeht, eine Funktion von Valenz und Distanz ist, kann es bei unmittelbarer Nähe zu einem zwar weniger wertigen, dafür aber kurzfristig erreichbaren Objekt dazu kommen, dass die Anziehungskraft in diesem Moment die Anziehungskraft des zwar positiver bewerteten, dafür aber weiter entfernten Objektes übersteigt.

7

Blick in die Praxis: Präferenzwechsel durch Marketing

Was kann man tun, um Menschen dazu zu bewegen, ihre eigentliche Präferenz zu ändern? Man kann versuchen, die Valenz eines Objektes zu erhöhen oder die der Alternativen zu senken. Werbung ist dafür ein gutes Beispiel. Hier werden uns alle möglichen Produkte auf eine sehr attraktive Weise dargestellt. Andererseits wissen wir aus Lewins Feldmodell, dass Valenz noch nicht reicht. Die Produkte müssen auch greifbar sein. Greifbar meint zum einen, wir müssen uns das Produkt auch leisten können, zum anderen, wir müssen es auch kaufen können. Das betrifft dann Fragen der Distribution genauso wie die der Preisgestaltung und mengenmäßigen Verfügbarkeit. Um Personen dazu zu bewegen, sogar ein weniger wertiges Produkt zu kaufen, kann es unter Umständen sogar reichen, die Verfügbarkeit so zu vergrößern, dass es zum Präferenzwechsel kommt. Das ist z. B. bei Sonderangeboten der Fall, bei denen Entscheidungen dadurch beeinflusst werden, dass die psychologische Distanz durch Preisreduktion geringer wird (vgl. Hoffmann und Hackelbusch 2013).

Projekt-
Komplettierungseffekt

Neben dem Präferenzwechsel kann die Wirkung einer veränderten Distanz auch in anderen Entscheidungsbereichen als Verhaltenserklärung angesehen werden. Denken wir beispielsweise allgemein an das Gefühl der Ungeduld. Ungeduld entsteht in der Regel dann, wenn wir dem Abschluss einer Sache schon ziemlich nahe sind. Sind wir noch weit entfernt davon, hat Ungeduld gewissermaßen weniger Sinn. Drei Tage vor dem bevorstehenden Sommerurlaub können wir es kaum noch abwarten – ein Gefühl, das nicht mit jenem drei Monate zuvor zu vergleichen ist, als wir die Reise buchten. Solche Ungeduldseffekte können auch ganz handgreifliche Folgen haben. Conlon und Garland (1993) konnten beispielsweise in Simulationen Belege dafür finden, dass die Bereitschaft, bei einem Projekt noch zusätzlich Geld auszugeben, mit der Nähe zur Projektfertigstellung steigt, ein Phänomen, das als *Projekt-Komplettierungseffekt* bezeichnet wird.

Blick in die Praxis: Jede Menge Zusatzkosten

Wer schon einmal ein wirklich großes Projekt realisiert hat, sich z. B. ein Haus gebaut hat, der wird womöglich dem Phänomen begegnet sein, dass die ursprünglich kalkulierten Kosten am Ende irgendwie aus dem Ruder gelaufen sind. Hat man sich zu Beginn der Planungen noch sehr genau überlegt, was wieviel kosten darf, war man gegen Ende großzügiger. Hauptsache, das Haus wird fertig. Und da kommt es am Ende auf die paar Tausend Euro mehr oder weniger auch nicht mehr an, angesichts der horrenden Gesamtsumme. Hauptsache, das Haus wird fertig! Und zwar schnell! (Hohe Anziehungskraft eines erwünschten Objekts, in dem Fall das fertige Haus, aufgrund seiner geringen Distanz, es ist ja nicht mehr viel zu tun).

Wie der Präferenzwechsel bereits andeutet, sind einmal getroffene Entscheidungen alles anderes als unumstößlich. Vielmehr können Alternativen sichtbar werden, die uns an unseren Entscheidungen zweifeln lassen oder uns vor ein regelrechtes Dilemma stellen, nämlich für welche der Alternativen wir uns entscheiden sollen.

7.4 Verhaltenskonflikte

Das Wesen von Entscheidungssituationen liegt darin, dass wir uns zwischen verschiedenen Alternativen entscheiden müssen. Das geht häufig mit Unsicherheit oder gar konflikthaftem Erleben einher. Sollen wir dieses tun oder jenes? Als Konflikt bezeichnet Lewin „eine Situation, in der Kräfte von annähernd gleicher Stärke und entgegengesetzter Richtung auf die Person einwirken" (Lewin 1951/2012, S. 293). Lewin hat drei prototypische Entscheidungssituationen und die damit einhergehenden Konflikte beschrieben:

- **Annäherungs-Annäherungs-Konflikt (Appetenz-Appetenz-Konflikt):** Dieser Konflikt entsteht dann, wenn wir die Wahl zwischen zwei gleichwertigen Alternativen haben, die nicht beide zugleich realisierbar sind. Mit einem Freund in die Stadt gehen oder ein Mittagsschläfchen machen etwa. Beides sind hoch attraktive Alternativen, zwischen denen wir uns nur schwer entscheiden können. Jeder Gedanke, eine Option zu wählen, wird indirekt zu einem antizipierten Verlust der anderen Option. Wir bleiben in der Mitte zwischen beiden Alternativen hängen, es sei denn, die Distanz zu einer Alternative wird durch irgendeinen Grund geringer, wodurch sich

7

deren Anziehungskraft im Vergleich zur anderen Option vergrößert, oder die Valenz der beiden Optionen verändert sich.

— **Vermeidungs-Vermeidungs-Konflikt (Aversions-Aversions-Konflikt):** In diesem Fall müssen wir die Entscheidung zwischen zwei unangenehmen Optionen treffen, z. B. für die Klausur lernen oder die Wohnung putzen. Dieser Konflikt ist schon einiges schwerer zu lösen, da eine zufällige Annäherung an eine Option, die abstoßenden Kräfte sofort verstärkt und mich in die andere Richtung manövriert. Am ehesten lässt sich ein solcher Konflikt durch die Veränderung der Valenz auflösen, wenn also eine Alternative aus irgendeinem Grund als nicht ganz so negativ erlebt wird.

— **Annäherungs-Vermeidungs-Konflikt (Appetenz-Aversions-Konflikt):** Hier haben wir es mit einem Konflikt zu tun, bei dem ein und dasselbe Objekt sowohl anziehende wie auch abstoßende Kräfte besitzt. Die Torte ist lecker, aber leider auch so kalorienreich. Auch dieser Konflikt ist schwer zu lösen, es sei denn wir finden Alternativen, bei denen die Anziehungskräfte im Vergleich zu den Abstoßungskräften deutlich größer sind.

Hören Sie hier, was der Annäherungs-Vermeidungs-Konflikt mit der Schwierigkeit, sich zu entscheiden, zu tun hat

Anzumerken bleibt hier noch, dass diese Konflikte im Alltag selten in Reinform auftreten und zu lösen sind, es gibt selten die Wahl zwischen zwei Objekten mit identischer Valenz oder Distanz. Viel häufiger haben wir es mit einem *doppelten Annäherungs-Vermeidungs-Konflikt* zu tun, also der Wahl zwischen zwei Alternativen, die sowohl positive wie negative Aspekte besitzen, z. B. die Wahl zwischen einem teuren, aber leistungsfähigen Computer oder dem günstigeren, aber weniger leistungsstarken Gerät. Neuerdings gibt es auch theoretische Überlegungen, dass Annäherung und Vermeidung nicht nur situativ zu betrachten, sondern auch als Persönlichkeitsmerkmal anzusehen sind. Menschen unterscheiden sich situationsübergreifend darin, ob sie eher zu Annäherungs- oder Vermeidungsverhalten neigen (z. B. Elliot und Thrash 2010).

7.5 Gegenwartspräferenz

Im Zusammenhang mit der Lewinschen Konflikttheorie ist noch eine weitere Theorie von Bedeutung, nämlich die Annäherungs-Vermeidungstheorie von Miller (1944), in der die wichtigen Konzepte der Valenz und Distanz Lewins erneut auftauchen und durch eine wichtige Beobachtung ergänzt werden. Miller beschreibt vier grundlegende Verhaltensprinzipien: 1. Die Tendenz, uns einem Ziel anzunähern wird umso stärker, je näher wir dem Ziel sind (Annäherungstendenz). 2. Die Tendenz, uns von einem Ort fort zu bewegen oder ein Objekt zu vermeiden, wird umso stärker, je näher wir dem Ort bzw. Objekt sind (Vermeidungstendenz). 3. Die Vermeidungstendenz steigt mit geringer werdender Distanz schneller an als die Annäherungstendenz. 4. Die Stärke der Verhaltenstendenzen hängt von der Stärke der auslösenden Bedürfnisse, Triebe etc. ab. Vor allem anhand der ersten drei Prinzipien lässt sich nun auch das Phänomen der Gegenwartspräferenz (*time preference*) erklären. Darunter versteht man allgemein die Tendenz, zeitlich näherliegenden Ereignissen einen höheren Wert beizumessen als zukünftigen Ereignissen. Ein Beispiel: Wofür würden Sie sich entscheiden? 100 Euro sofort oder erst morgen? Die meisten werden das Geld vermutlich sofort haben wollen. Zumindest lässt sich das empirisch beobachten, auch wenn es kein echtes, rationales Argument dafür geben mag, ob ich das Geld jetzt oder morgen bekomme (Thaler 1981). Und wie würden Sie entscheiden, wenn es um einen Zahnarztbesuch geht? Lieber jetzt oder doch erst morgen? Viele würden hier das Unausweichliche vermutlich eher auf morgen verschieben und würden damit einen empirischen Beleg für die Hypothese der valenzabhängigen Zeitdiskontierung (*valence-dependent time-discounting*; Trope und Liberman 2003) liefern. Nach dieser Hypothese hängt die Gegenwartspräferenz nämlich vom erwarteten Ergebnis ab. Negative Ergebnisse verblassen mit zunehmender zeitlicher Distanz. Und so kommt es, dass man sich auf Dinge einlässt, die jetzt, in diesem Moment, als angenehm erlebt werden (z. B. das köstliche Essen genießen), weil die negativen Konsequenzen (Gewichtszunahme) noch in so weiter Ferne sind, dass sie auf das gegenwärtige Verhalten kaum Einfluss nehmen. Etwas anders fällt die Erklärung nach der Hypothese der affektabhängigen Zeitdiskontierung (*affect-dependent timediscounting*; Trope und Liberman 2003) aus. Sie unterscheidet zwischen dem Einfluss kognitiver und affektiver Bewertungsdimensionen. Je weiter weg beispielsweise eine Entscheidungssituation ist, umso eher werden kognitive Aspekte Einfluss auf die jetzt zu treffende Entscheidung nehmen. Umgekehrt steigt der Einfluss der affektiven Bewertungen auf die Entscheidung, je zeitlich näher wir der Entscheidungssituation sind. Beispiel: Möchten Sie morgen einen Schokoladenkuchen oder einen Obstsalat zum Dessert? Viele werden vermutlich den gesunden Obstsalat präferieren. Und wie sähe die Entscheidung aus, wenn Sie am nächsten Tag spontan zwischen dem Obstsalat und dem Schokoladenkuchen wählen müssten? Nicht wenige würden sich dann vermutlich für den zwar ungesunden, dafür aber viel leckereren Kuchen entscheiden. Für beide Hypothesen lassen sich übrigens empirische Bestätigungen finden (Trope und Liberman 2003) und zwar nicht nur für alltägliche Situationen, sondern auch im Zusammenhang mit Fragen der Verhaltensökonomik (z. B. zur Vorhersage von Kaufentscheidungen) und der Erklärung und Vorhersage von Risikoverhalten (Shelley 1994).

? Prüfungsfragen

1. Was ist ein grundlegender Unterschied zwischen der Triebtheorie Hulls und der Feldtheorie Lewins?
2. Erläutern Sie das Personen- und das Umweltmodell an einem Beispiel!
3. Was meint bedürfnisspezifische Befriedigung?
4. Was versteht man unter Rumination?
5. Was sind Ersatzhandlungen und wie lassen sich diese erklären?
6. Welches Phänomen beschreibt der Zeigarnik-Effekt? Welche praktischen Konsequenzen könnte man daraus ziehen?
7. Beschreiben Sie an einem Beispiel das Phänomen des Präferenzwechsels und erklären Sie, wie der Wechsel zustande kommt.
8. Erklären Sie das Phänomen der Gegenwartspräferenz anhand eines Beispiels.
9. Wie lässt sich der Projekt-Komplettierungseffekt feldtheoretisch erklären?
10. Erläutern Sie die drei Verhaltenskonflikte näher, geben Sie dazu jeweils ein Beispiel und geben Sie an, wie man diese Konflikte lösen kann!

Zusammenfassung

- Menschliches Verhalten ist eine Funktion von Person und Umwelt.
- Das Personenmodell beschreibt die unterschiedlichen Bedürfnisse und Ziele einer Person.
- Es lassen sich zentrale (eher abstrakte) und periphere (eher konkrete) Bedürfnisse unterscheiden.
- Unbefriedigte Bedürfnisse erzeugen Spannungen, die durch bedürfnisspezifische Aktivitäten reduziert werden können.
- Es kann zu Ersatzhandlungen kommen, wenn ein Bedürfnis nicht direkt befriedigt werden kann.

— Mit unterschiedlichen Bedürfnissen gehen unterschiedliche kognitive, emotionale und motivationale Funktionslagen einher.

— Der Zeigarnik-Effekt beschreibt das Phänomen, dass unerledigte Aufgaben im Gedächtnis salienter (verfügbarer) sind.

— Das Umweltmodell beschreibt die Objekte und die davon ausgehenden anziehenden und abstoßenden Kräfte, die sich im Lebensraum der Person befinden.

— Die Anziehungs- bzw. Abstoßungskraft (K) ist abhängig von der Valenz (V) der Objekte und deren Distanz (D); $K = V/D$.

— Die Valenz eines Objektes hängt von den aktuellen Bedürfnissen ab.

— Der Präferenzwechsel beschreibt das Phänomen, dass weniger wertige Objekte u. U. höherwertigen Objekten vorgezogen werden, wenn diese einfacher oder schneller zugänglich sind.

— Der Projekt-Komplettierungseffekt beschreibt den Befund, wonach die Bereitschaft zu noch mehr Investitionen zum Ende eines Projektes hin steigt.

— Verhaltenskonflikte sind dann gegeben, wenn zwei Alternativen mit entgegengesetzter Kraft auf die Person einwirken.

— Der Annäherungs-Annäherungs-Konflikt stellt die Wahl zwischen zwei angenehmen Alternativen dar.

— Der Vermeidungs-Vermeidungs-Konflikt bedeutet die Wahl zwischen zwei unangenehmen Alternativen.

— Der Annäherungs-Vermeidungs-Konflikt liegt vor, wenn ein Objekt sowohl anziehende als auch abstoßende Eigenschaften besitzt.

— Der doppelte Annäherungs-Vermeidungs-Konflikt beschreibt die Wahl zwischen zwei Objekten, die beide sowohl anziehende als auch abstoßende Eigenschaften besitzen.

— Mit Gegenwartspräferenz wird das Phänomen beschrieben, zeitlich näherliegenden Ereignissen einen höheren Wert beizumessen als zukünftigen Ereignissen.

Schlüsselbegriffe

Affektabhängige Zeitdiskontierung, Annäherungs-Annäherungs-Konflikt, Annäherungs-Vermeidungs-Konflikt, bedürfnisspezifische Befriedigung, Distanz, doppelter Annäherungs-Vermeidungs-Konflikt, Ersatzhandlungen, Feld, Gegenwartspräferenz, Kraft, larger-later reward, periphere Bereiche, Personenmodell, Präferenzwechsel, Projekt-Komplettierungseffekt, Rumination, smaller-sooner reward, Spannungszustand, umgekehrter Zeigarnik-Effekt, Umweltmodell, Valenz, valenzabhängige Zeitdiskontierung, Verhaltenskonflikte, Vermeidungs-Vermeidungs-Konflikt, Zeigarnik-Effekt, zentrale Bereiche

Literatur

Bak, P. M. (2015). *Zu Gast in Deiner Wirklichkeit. Empathie als Schlüssel gelungener Kommunikation*. Heidelberg: Springer.

Cheever, N. A., Rosen, L. D., Carrier, L. M., & Chavez, A. (2014). Out of sight is not out of mind: The impact of restricting wireless mobile device use on anxiety levels among low, moderate and high users. *Computers in Human Behavior, 37*, 290–297.

Conlon, D. E., & Garland, H. (1993). The role of project completion information in resource allocation decisions. *Academy of Management Journal, 36*(2), 402–413.

Elliot, A. J., & Thrash, T. M. (2010). Approach and avoidance temperament as basic dimensions of personality. *Journal of Personality, 78*(3), 865–906.

Hoffmann, A., & Hackelbusch, K. (2013). Sonderangebote und psychologische Preissetzung im deutschen Lebensmitteleinzelhandel. *German Grocery Retailing, 62*(3), 173–189.

Lewin, K. (1951/2012). *Feldtheorie in den Sozialwissenschaften*. Bern: Hans Huber Klassik.

Marrow, A. J. (1938). Goal tensions and recall: I. *The Journal of General Psychology, 19*(1), 3–35.

Martin, L. L., & Tesser, A. (1996). Some ruminative thoughts. In R. S. Wyer Jr. (Hrsg.), *Advances in social cognition* (Ruminative thoughts, Bd. 9, S. 1–47). Hillsdale: Lawrence Erlbaum Associates.

Miller, N. E. (1944). Experimental studies of conflict. *In J. M. Hunt, Personality and the behavior disorders* (S. 431–465). Oxford, England: Ronald Press.

Ovsiankina, M. (1928). Die Wiederaufnahme unterbrochener Handlungen. *Psychologische Forschung, 11*(1), 302–379.

Shelley, M. K. (1994). Gain/loss asymmetry in risky intertemporal choice. *Organizational Behavior and Human Decision Processes, 59*(1), 124–159.

Thaler, R. (1981). Some empirical evidence on dynamic inconsistency. *Economics Letters, 8*(3), 201–207.

Trope, Y., & Liberman, N. (2003). Temporal construal. *Psychological Review, 110*(3), 403–421.

Zeigarnik, B. (1927). Das Behalten erledigter und unerledigter Handlungen. *Psychologische Forschung, 9*(1), 1–85.

7

Erwartungswerttheorien

© Springer-Verlag GmbH Deutschland, ein Teil von Springer Nature 2019
P. M. Bak, *Lernen, Motivation und Emotion*, Angewandte Psychologie Kompakt,
https://doi.org/10.1007/978-3-662-59691-3_8

Lernziele

- Den allgemeinen Aufbau von Erwartungswerttheorien erklären und kritisch hinterfragen können, auch anhand von Anwendungsfällen
- Das Risiko-Wahl-Modell skizzieren und auf seinen Anwendungsbezug hin überprüfen können
- Das erweiterte Erwartungswertmodell von Heckhausen anhand eines praktischen Beispiels erläutern können

Einführung

In den bisherigen Betrachtungen ist die Person selbst als Protagonist und Entscheider über ihr Handeln kaum in Erscheinung getreten. Innerhalb der Triebtheorien war Motivation eine Kraft, die aus ungestillten (biologischen) Bedürfnissen resultierte. Die Feldtheorie berücksichtigt dagegen schon personale Faktoren, doch die Person als reflektierender Agent, der vor der Wahl verschiedener Handlungsoptionen steht, bleibt auch hier höchstens am Rande sichtbar. Erwartungswerttheorien der Motivation rücken nun die Überlegungen in den Mittelpunkt, die vor einem möglichen Handeln stehen und uns erst zu diesem führen. Motiviertes Verhalten wird hier als Ergebnis einer rationalen Alternativenabwägung bzw. Nutzenmaximierung angesehen, ist also das Ergebnis einer Entscheidung.

Verhaltensstärke = Erwartungen × Wert

Bereits in Lewins Feldtheorie begegnet uns der Begriff der Valenz, der in diesem Fall beschreibt, dass unterschiedliche Objekte, Situationen oder Handlungen, in Abhängigkeit von den gerade vorhandenen Bedürfnissen, einen unterschiedlichen Wert für die Person besitzen können. Das hat Folgen. So strengen wir uns gewöhnlich für Ziele, deren Erreichbarkeit uns wichtig ist, mehr an als für eher unwichtige Ziele – aber nur unter bestimmten Bedingungen, nämlich wenn wir die Zielerreichung auch als möglich ansehen. In Erwartungswerttheorien (zum Überblick siehe Heckhausen und Heckhausen 2018) wird genau dieser Zusammenhang, also die Wichtigkeit oder Wertigkeit eines Ziels und die erwartete Erreichbarkeit, zur Erklärung motivierten Verhaltens angenommen, wobei die erwartete Erreichbarkeit das Ergebnis früherer Erfahrungen oder noch zu überwindender Hindernisse ist (vgl. auch Lewin 1951/2012). Die Verhaltensstärke (V) kann demnach formal als das Ergebnis aus Machbarkeitserwartung (E) und der zugeschriebenen Wertigkeit des avisierten Ziels (W) angesehen werden: V = E × W. Wir strengen uns demnach vor allem dann an, wenn wir ein Ziel für erstrebenswert und erreichbar erachten. Erstrebenswerte Ziele, deren Realisierungschancen wir dagegen gering einschätzen, werden uns weniger motivieren. Umgekehrt werden wir auch weniger wichtige Ziele dann verfolgen, wenn sie für uns ohne großen Aufwand zu erreichen sind. Erwartungswert-Modelle sind die Grundlage zahlreicher auch aktueller Motivationstheorien. Ein prominentes Modell ist etwa das Risiko-Wahl-Modell von Atkinson.

8.1 Risiko-Wahl-Modell von Atkinson

Atkinsons Ausgangspunkt ist die Frage, welche Entscheidung eine Person treffen wird, die vor der Wahl zwischen zwei unterschiedlich schweren Aufgaben steht (Atkinson 1957). Für Atkinson kann man Motivation als Funktion von Motivstärke, Erwartung und Anreiz verstehen, formal ausgedrückt: Motivation = Motivstärke (M) × Erwartung (W) × Anreiz (A). In Leistungssituationen kann dabei zwischen dem *Motiv, Erfolg zu erzielen* (Leistungsmotiv) und dem *Motiv, Misserfolg zu vermeiden* (Misserfolgsmotiv) unterschieden werden. Unter Erwartung versteht Atkinson die Wahrscheinlichkeit, eine Aufgabe erfolgreich abzuschließen. Diese Erwartung kann das Ergebnis vorheriger Lernerfahrungen sein und dispositionalen Charakter aufweisen, also eine persönliche Präferenz darstellen, sich aber genauso gut auch situativ verändern. Der Anreiz, eine Aufgabe erfolgreich zu lösen, steigt wiederum mit zunehmender Aufgabenschwierigkeit an. Eine einfache Aufgabe zu lösen, erfüllt uns im Gegensatz zu einer schweren Aufgabe kaum mit Stolz und ist eher belanglos. Gleichzeitig kann aber auch die Befürchtung bestehen, eine einfache Aufgabe nicht zu lösen. Wir würden uns regelrecht schämen, an einer einfachen Aufgabe zu scheitern. Atkinson berücksichtigt in seinem Modell also personale Faktoren (Motive, Lernerfahrungen) ebenso wie Umweltfaktoren (Aufgabenschwierigkeit) und deren Wechselwirkungen (Anreiz). Zudem haben die Aussagen des hier vorgestellten Modells unmittelbar selbstwertbezogene Konsequenzen, wie wir später noch sehen werden. Erfolgsorientierte und misserfolgsorientierte Personen weisen nämlich unterschiedliche Attributionsmuster auf, die sich mehr oder weniger günstig auf ihren Selbstwert auswirken können.

Schauen wir aber zunächst, wie sich aus dem Modell das Verhalten vorhersagen lässt. Danach regen Wahlsituationen stets sowohl das Motiv Erfolg zu erzielen als auch das Motiv Misserfolg zu vermeiden an. Der Anreiz, Erfolg zu haben, wächst dabei mit zunehmender Aufgabenschwierigkeit an. Wir sind stolz, wenn wir eine schwere Aufgabe gelöst haben. Leichte Aufgaben sind dagegen reizlos. Bei Ihnen ist jedoch die Furcht groß, zu versa-

Leistungs- und Misserfolgsmotiv

8

gen. Das wäre regelrecht peinlich. Für erfolgsmotivierte bzw. misserfolgsmotivierte Personen ergeben sich in Leistungssituationen nun ganz unterschiedliche Verhaltensvorhersagen. Erfolgsmotivierte gehen zunächst mit Zuversicht an die Aufgabenbearbeitung heran und wählen bevorzugt Aufgaben mittlerer Schwierigkeit aus. Sehr leichte und sehr schwere Aufgaben sind weniger attraktiv. Leichte Aufgaben kann jeder lösen, ein Erfolg ist daher nichts Besonderes. Sehr schwere Aufgaben besitzen dagegen zwar einen hohen Anreiz, dem steht jedoch die geringe Erfolgswahrscheinlichkeit gegenüber. Erfolgsmotivierte suchen sich also Aufgaben aus, bei denen sie vermutlich gut abschneiden. Für misserfolgsmotivierte Personen, die eher mit Befürchtungen an die Aufgabe herangehen, sind zwar alle Aufgaben mit Befürchtungen verbunden, sehr leichte bzw. sehr schwere Aufgaben sind aber, wenn gewählt werden muss, immer noch die attraktivste Wahl. Leichte Aufgaben sind mit großer Wahrscheinlichkeit lösbar, Misserfolg wird vermieden. Schwere Aufgaben sind dagegen zwar kaum lösbar und ein Misserfolg daher wahrscheinlich. Das Scheitern kann aber dann auf die Aufgabenschwierigkeit geschoben werden, nach dem Motto „Das hätte sowieso niemand geschafft".

Es gibt einige empirische Bestätigung für diese Vorhersagen. In einer Studie von Atkinson und Litwin (1960) sollten die Versuchspersonen versuchen, einen Holzpflock mit einem Ring zu treffen, wobei sie sich die Wurfdistanz aussuchen durften. Erfolgsorientierte Personen wählten dabei vor allem mittlere Distanzen. Bei Misserfolgsmotivierten war dies zwar entgegen der theoretischen Vorhersage auch der Fall, allerdings insgesamt schwächer ausgeprägt. Karabenick und Youssef (1968) konnten zeigen, dass Personen, bei denen das Erfolgsmotiv stärker als das Misserfolgsmotiv ausgeprägt war, Wortpaare besser lernten, wenn diese als mittelschwer markiert waren, während es bei als einfach oder schwer gekennzeichneten Wortpaaren keine Unterschiede gab. Bei misserfolgsmotivierten Personen wurde sogar ein signifikantes Vermeidungsverhalten bei den mittelschweren Wortpaaren nachgewiesen. Und Schmalt (1999; siehe auch Feather 1961) konnte zeigen, dass sich erfolgsmotivierte Personen bei angeblich leichten (faktisch aber unlösbaren) Aufgaben länger mühten als bei angeblich schweren Aufgaben, während sich bei misserfolgsmotivierten Personen kein Unterschied fand (◘ Abb. 8.1).

Anhand des Risiko-Wahl-Modells lassen sich auch ganz lebenspraktische Entscheidungen prognostizieren. Isaacson (1964) untersuchte beispielsweise den Zusammenhang zwischen Leistungsmotivation und der Kurswahl bei Studierenden. Erfolgsorientierte Studierende präferierten dabei die mittelschweren Kurse, während sich bei misserfolgsorientierten keine Präferenz ergab.

Das Risiko-Wahl-Modell ist gut geeignet, um in Leistungssituationen Verhalten und Entscheidungen zu erklären und vorherzu-

Erfolgsmotivierte und Misserfolgsmotivierte

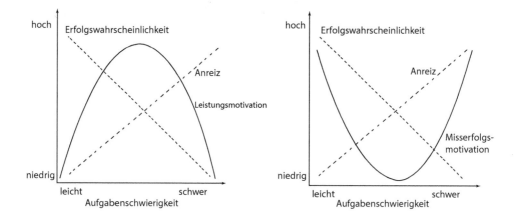

Abb. 8.1   Motivation in Abhängigkeit von Erfolgswahrscheinlichkeit und Aufgabenschwierigkeit

sagen. Allerdings gilt dies, wie die wenigen Beispiele hier bereits zeigen, in erster Linie für die Vorhersage bei erfolgsmotivierten Personen. Bei Misserfolgsmotivierten ist die empirische Evidenz weniger deutlich. Eine mögliche Erklärung für die geringe Evidenz, dass Misserfolgsmotivierte keine ausgeprägte Präferenz für leichte bzw. schwere Aufgaben gegenüber mittelschweren Aufgaben aufweisen ist, dass Menschen bei der Handlungswahl nicht nur nach der Maximierung einer positiven Rückmeldung suchen, sondern auch nach zuverlässigen Informationen über sich. Da Aufgaben mittlerer Schwierigkeit am informativsten sind, kann dies dem theoretisch vorhergesagten Effekt zuwiderlaufen. Ein Experiment von Trope (1975) liefert zu dieser Annahme interessante Befunde. Trope stellte erfolgs- und misserfolgsmotivierte Versuchspersonen vor die Wahl, angeblich unterschiedlich schwierige Aufgaben zu bearbeiten. Manche Aufgaben wurden vorgeblich vor allem von Hochbegabten gelöst, während Niedrigbegabte daran scheiterten (Aufgabentyp A). Bei anderen Aufgaben schnitten Hoch- und Niedrigbegabte scheinbar gleich gut ab (Aufgabentyp B). Auf diese Weise konnte Trope die Aussagekraft der Aufgaben für die Begabungszuschreibung variieren. Es zeigte sich nun, dass Erfolgsorientierte diejenigen Aufgaben präferierten, die die größte Aussagekraft besaßen, also Aufgabentyp A. Bei misserfolgsmotivierten Personen war dies auch der Fall, allerdings in geringerem Umfang. Darüber hinaus kann man davon ausgehen, dass auch in Leistungssituationen nicht nur Leistungsmotive aktiv sind, sondern noch weitere verhaltensbeeinflussende Motive hinzukommen. So kann man sich vorstellen, dass ein Misserfolgsmotivierter sich dennoch einer für ihn untypischen Aufgabe stellt, z. B. um dem Versuchsleiter einen Gefallen zu tun, einem wahrgenommenen Gruppendruck nachzugeben oder anderen sozialen

Normen zu entsprechen. Diese „extrinsic factors" (Atkinson 1957) müssen dann ebenfalls bei der Verhaltensvorhersage mitberücksichtigt werden.

8.2 Attributionsstil und Leistungsmotivation

Bereits in Atkinsons Risiko-Wahl-Modell wird angenommen, dass der Ausgang einer Leistungssituation Auswirkungen auf den Selbstwert einer Person hat – je nachdem, ob der Erfolg oder Misserfolg als Folge des eigenen Leistungsvermögens angesehen wird oder beispielsweise auf äußere (unbeeinflussbare) Faktoren geschoben werden kann. Wie Leistungsergebnisse und Ursachenzuschreibungen (Attributionen) zusammenhängen, wird in der Attributionstheorie von Weiner (z. B. Weiner und Kukla 1970; Weiner 1985) genauer beschrieben. Ausgangslage ist die Annahme, dass wir für Ereignisse eine Erklärung haben möchten. Das fördert die subjektive Vorhersagbarkeit und schafft Ordnung im Lauf der Dinge. Die Attributionstheorie geht in ihrer Grundversion davon aus, dass wir in Leistungszusammenhängen Erfolg und Misserfolg auf vier verschiedene Ursachen zurückführen, nämlich die eigene Fähigkeit, Anstrengung, Aufgabenschwierigkeit oder Zufall. Später hat Weiner sein zweidimensionales Attributionsmodell um den Faktor Kontrolle ergänzt (Weiner 1979), was uns hier jedoch nicht weiter beschäftigen soll. Die vier eben genannten Ursachen ergeben mit den beiden Dimensionen Stabilität und Personenabhängigkeit das Schema in ◘ Tab. 8.1.

Situationsergebnisse sind interpretierbar

Fähigkeit ist demnach eine in der Person verankerte Ursache, die stabil, d. h. situationsübergreifend vorhanden ist. Anstrengung ist dagegen zwar ebenfalls ein personaler Faktor, ist aber von Situation zu Situation bzw. Aufgabe zu Aufgabe verschieden. Die Aufgabenschwierigkeit sowie zufällige Faktoren sind außerhalb der Person verortet, wobei die Aufgabenschwierigkeit stabil bleibt, während Glück und Pech aufgrund ihres zufälligen Auftretens variabel sind. Die Stabilitätsdimension beeinflusst zudem unsere Erfolgserwartung (nur stabile Faktoren lassen zuverlässige Vorhersagen zu), während die Personenabhängigkeit die affektive

◘ **Tab. 8.1** Attributionen in Abhängigkeit von Stabilität und Personenabhängigkeit

Stabilität	Personenabhängigkeit	
	Internal	*External*
Stabil	Fähigkeit	Aufgabenschwierigkeit
Variabel	Anstrengung	Zufall (Glück, Pech)

Bewertung eines Situationsergebnisses beeinflusst. Wir können nicht stolz auf eine Leistung sein, für die wir nicht verantwortlich gemacht werden können. Je nachdem, wie wir nun ein Leistungsergebnis bewerten, ergeben sich daraus unterschiedliche Konsequenzen für uns und unsere Selbstbewertung. Schreiben wir uns den Erfolg auf die eigenen Fahnen und unserer Fähigkeit zu (internal, stabile Attribution) dann führt das zu affektiv positiven Konsequenzen für unsere Selbstbewertung, insbesondere dann, wenn wir gleichzeitig Misserfolg auf variable internale oder externale Faktoren schieben können (Pech oder mangelnde Anstrengung). Dieses Attributionsmuster (oder Attributionsstil) ist beispielsweise für leistungsmotivierte Personen typisch, Misserfolgsorientierte sehen den Erfolg dagegen eher als Zufallsereignis an, den Misserfolg dagegen als Ausdruck mangelnder Fähigkeit (siehe dazu auch Graham 1991). Die Attributionstheorie verweist also auf die prinzipielle Möglichkeit, dass wir Situationsergebnisse so oder anders interpretieren können, mit erheblichen Auswirkungen auf unseren Selbstwert und zukünftige Leistungsergebnisse. Eine Ursachenzuschreibung auf internale und stabile Fähigkeiten im Erfolgsfall lässt mich optimistisch in die Zukunft schauen. Externale Attribution bei Misserfolg lässt mich für das nächste Mal zuversichtlich sein. Eine internale und stabile Attribution im Misserfolgsfall oder externale Attribution im Erfolgsfall führt dagegen zu einer eher pessimistischen Haltung.

Hören Sie hier, wie unterschiedlich wir einen Klausurerfolg attribuieren können

Blick in die Praxis: Training für Misserfolgsorientierte

Atkinsons Risiko-Wahl-Modell bezieht sich ausdrücklich auf Leistungssituationen. Daher bietet sich seine Anwendung auch vor allem in leistungsbezogenen Kontexten an, z. B. in der Schule oder im Sport. Misserfolgsorientierte Schüler, die sich entweder die einfachen oder die unlösbaren Aufgaben aussuchen, werden womöglich weniger im Schulkontext profitieren und dazu noch eher selbstwertabträgliche Erfahrungen machen können als vergleichsweise erfolgsorientierte Schüler. Es gibt einige Belege für einen selbstwertdien-

Self-serving bias

lichen Attributionsstil (*self-serving bias*) bei leistungsorientier-
ten Personen, d. h. Erfolg wird von diesen eher auf internale
Faktoren zurückgeführt (z. B. Fähigkeit), Misserfolg dagegen
auf externale Faktoren (z. B. Pech, Aufgabenschwierigkeit). Bei
misserfolgsmotivierten Personen finden sich dagegen eher
selbstwertabträgliche Interpretationsmuster, d. h. Erfolg wird
auch auf externale Ursachen, Misserfolg dagegen auf
internale Ursachen attribuiert (vgl. dazu z. B. Stiensmeier-Pelster und Heckhausen 2018; Miller und Ross 1975). Durch
entsprechende Trainingsmaßnahmen, in denen z. B. realisti-
sche Zielsetzungen oder veränderte Attributionsstile eingeübt werden, lassen sich bei ängstlichen und misserfolgsver-
meidenden Schülern beträchtliche Trainingserfolge erzielen
(Rheinberg und Engeser 2010; Rand 1987). Und wie sieht das
bei Ihnen aus? Haben Sie auch eine Tendenz, Erfolg und
Misserfolg unterschiedlich zu attribuieren?

8

8.3 Erweitertes Erwartungsmodell von Heinz Heckhausen

Internale und externale
Kontrolle

Im Risiko-Wahl-Modell bezieht sich der Erwartungsbegriff auf
die subjektiv vermutete Erfolgswahrscheinlichkeit in einer Aufga-
bensituation. Die Erwartung etabliert sich dabei als Folge vergan-
gener Lernprozesse. Habe ich beispielsweise in Situation A gelernt, dass ein erwünschtes Ereignis eintritt, dann werde ich beim
nächsten Eintreten von Situation A eine entsprechende Erwartung
haben. Wir können in dem Fall auch von spezifischer Erwartung
sprechen. Spezifische Erfahrungen können auch Grundlage für
generalisierte Erwartungen sein, d. h. Erfahrungen in Situation A
können auch zu Erwartungen in Situationen B und C führen. Rotter (1966) hat diese generalisierten Erwartungen in seiner sozialen
Lerntheorie beschrieben. Er meint damit aber nicht einfach nur
Erwartungen hinsichtlich einer Ergebniserwartung, sondern die
Überzeugung, mit der der Handelnde meint, das Situationsergebnis selbst kontrollieren zu können. Dabei differenziert Rotter
noch weiter zwischen der *internalen Kontrolle* (das eigene Handeln entscheidet über den Situationsausgang) und der *externalen
Kontrolle* (äußere Faktoren entscheiden über den Ausgang). In gewisser Hinsicht ähnelt das Konzept den generalisierten Erwartungen der von Bandura (z. B. 1979) vorgeschlagenen Selbstwirksamkeit, die wir bereits als die Überzeugung einer Person, eine
bestimmte Situation bewältigen zu können, kennengelernt haben.
Man kann sagen, dass die interne Kontrollüberzeugung mit
Selbstwirksamkeit einhergeht, während die externe Kontroll-

überzeugung mit einer geringen Selbstwirksamkeit korrespondiert. Heinz Heckhausen (1977) hat die Erwartungen, die sich in einer Situation ergeben und für das Handeln maßgeblich sind, noch weiter ausdifferenziert.

In einer beliebigen Situation ergibt sich zunächst die Erwartung, wie groß wohl die Wahrscheinlichkeit ist, mit der die Situation zu einem gewünschten Ergebnis führt und zwar ohne eigenes Zutun (*Situations-Folge-Erwartung*). Davon kann die Erwartung unterschieden werden, inwieweit die Situation durch das eigene Eingreifen zu einem gewünschten Ergebnis führt (*Handlungs-Ergebnis-Erwartung*). Handlungs-Ergebnis-Erwartungen sind wiederum eng mit dem Konzept der Selbstwirksamkeit verbunden. Zudem können auch externe Einflüsse die Situation günstig oder ungünstig verändern (Müdigkeit, soziale Unterstützung). Diese *Handlungs-Situations-Ergebnis-Erwartungen* beeinflussen daher die Handlungs-Ergebnis-Erwartungen. Schließlich lassen sich noch *Handlungs-Folgen-Erwartungen* benennen, die angeben, in welchem Maße das Situationsergebnis Konsequenzen für relevante persönliche Ziele besitzt (vgl. ◨ Abb. 8.2). Die Bedeutsamkeit der Handlungsfolgen hatte auch schon Vroom (1964) im Blick. Aus einer anwendungsorientierten Perspektive wird nämlich schnell klar, dass wir in Alltagssituationen oder im Arbeitsleben in der Regel nicht nur ein Ziel verfolgen und ein Ergebnis anstreben, sondern dass ein Ergebnis stets auch Auswirkungen auf andere Ziele haben kann. Je nachdem, wie viele andere Ziele davon betroffen sind und wie hoch der erwartete Zusammenhang zwischen einem Ergebnis X und anderen Ereignissen Y_{1-n} ist (*Instrumentalität*), wird das Auswirkungen auf die aktuelle Motivation haben, das infrage stehende Ziel zu realisieren. Einfacher formuliert: Wenn ich mit einem Schlag gleich mehrere Fliegen erwischen kann, dann erhöht das die Attraktivität dieses Schlages doch ungemein.

Instrumentalität

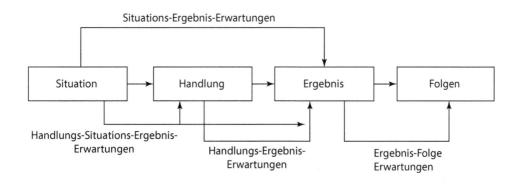

◨ **Abb. 8.2**   Verschiedene Erwartungstypen im erweiterten E × W – Modell

8

Anhand der hier vorgestellten Ausdifferenzierung lässt sich sehr genau analysieren, welche Erwartungen zu welchem Verhalten führen bzw. welche Erwartungen verändert werden müssen, damit ein gewünschtes Verhalten resultiert. Schauen wir uns das an einem Beispiel an. In Situationen, in denen wir davon ausgehen, dass auch ohne unser Eingreifen alles so läuft, wie wir es uns wünschen (positive Situations-Folge-Erwartung), gibt es keinerlei Grund, etwas zu unternehmen. Wir haben den Rasensprenger aufgestellt und er tut das, was er tun soll, nämlich den Rasen bewässern. Erst wenn das nicht mehr der Fall ist gibt es für uns einen Handlungsgrund. Wir handeln aber anschließend nur dann, wenn wir auch über entsprechende Handlungs-Ergebnis-Erwartungen verfügen, also beispielsweise entsprechende Fähigkeiten oder Fertigkeiten die Situation unseren Wünschen entsprechend zu gestalten und wenn wir überdies auch der Überzeugung sind, diese einsetzen zu können. In unserem Beispiel ist das kein Problem. Wenn der Sprenger nicht funktioniert oder falsch eingestellt ist, können wir das einfach und zu unserer Zufriedenheit ändern. Aber auch das mag am Ende für motiviertes Handeln noch nicht ausreichen. So mögen wir im Besitz geeigneter Mittel sein, aber dennoch nicht eingreifen, weil das Ergebnis für uns selbst keine große Bedeutung und einen zu geringen Anreiz hat (negative Handlungs-Folgen-Erwartungen). In unserem Fall könnte es z. B. sein, dass man gar nicht einsieht, schon wieder etwas unternehmen zu müssen, nachdem man schon die ganzen Blumen gegossen hat und der andere (Partner, Partnerin) doch auch einmal einen Beitrag zum blühenden Garten leisten sollte.

Blick in die Praxis: Motivation am Arbeitsplatz

Das erweiterte Erwartungswertmodell von Heckhausen bietet sich sehr gut zur Analyse und Modifikation motivationaler Prozesse z. B. auch in wirtschaftspsychologischer Hinsicht an, wenn es etwa darum geht, die Motivation von Mitarbeitern zu analysieren und gegebenenfalls zu erhöhen. Hierzu wäre es sinnvoll, in einem ersten Schritt danach zu fragen, inwieweit die Mitarbeiter der Meinung sind, dass sich der Team- oder Unternehmenserfolg auch ohne ihr Zutun einstellen wird. Sind sie der Meinung, dies sei der Fall, so wäre das ein erster Interventionsansatz, denn dann bestünde aus Mitarbeitersicht ja zunächst kein Grund, tätig zu werden. Als zweites wäre dann zu fragen, inwieweit die Mitarbeiter meinen, dass der Team- oder Unternehmenserfolg durch ihr aktives Eingreifen unterstützt werden kann. Verfügen die Mitarbeiter also über entsprechende Kompetenzerwartungen, die das eigene Engagement erst sinnvoll machen? Und wenn nicht, können die fehlenden Handlungs-Ergebnis-Erwartungen durch entsprechende Maßnahmen aufgebaut werden? Schließlich ist danach zu fragen, inwieweit ein möglicher Erfolg für die betreffenden Personen von Bedeutung ist. Wenn es den Mitarbeitern schlichtweg egal ist, welches Situationsergebnis resultiert, dann wird es kaum zu motivierten Verhaltensweisen kommen. Machen Sie doch einmal die Probe aufs Exempel und fragen Sie sich, was Sie womöglich bei einer Tätigkeit gerade motiviert oder demotiviert.

Blick in die Praxis: Erwartungswerte in der Werbung

Erwartungswerttheorien können auch gut zur Erklärung werblicher Funktionsweisen herangezogen werden. In der Regel vermittelt uns nämlich die Werbung Bilder hoch erwünschter Zustände, was im einfachen Erwartungswertmodell den Wert (W) repräsentiert. Außerdem wird uns das entsprechende Instrument gezeigt, nämlich das beworbene Produkt, mit dem wir das Ziel erreichen können. Dies entspricht dann dem Erwartungsterm. Und auch das erweiterte Erwartungswertmodell kann hier zur Analyse herangezogen werden. Denken wir z. B. an eine Feuchtigkeitscreme. Der Situationsergebnis-Erwartung entspricht dabei die implizite Vorannahme, dass die Haut ohne Eingreifen spröde und trocken wird, es besteht also Handlungsbedarf. Die Handlungs-Ergebnis-Erwartung wird durch den instrumentellen Wert der Creme etabliert, d. h. es gibt ein erreichbares Mittel, die Feuchtigkeitscreme, mit der der trockenen Haut vorgebeugt werden kann. Die Ergebnis-Folge-Erwartung wiederum wird dadurch aufgebaut, dass das Ergebnis der Produktverwendung nicht nur die Haut geschmeidig macht, sondern gleich auch unsere Attraktivität erhöht, ein für uns alle relevantes Motivationsziel.

❓ Prüfungsfragen

1. Beschreiben Sie generell, wie sich aus der Perspektive der Erwartungswerttheorien motiviertes Verhalten ergibt und geben Sie dazu ein konkretes Beispiel.
2. Aus welchen Komponenten setzt sich nach Atkinson motiviertes Verhalten zusammen?
3. Welche beiden antagonistischen Motivationstendenzen lassen sich in Leistungszusammenhängen beobachten?
4. Welche Aufgaben wählen leistungsmotivierte Personen und warum?
5. Welche Aufgaben wählen misserfolgsmotivierte Personen und warum?
6. Warum bezeichnet Atkinson Misserfolgsorientierung als hemmenden Faktor?
7. Skizzieren Sie das zweidimensionale Attributionsmodell von Weiner und erläutern Sie an einem Beispiel, welches Attributionsmuster im Fall von Erfolg bzw. Misserfolg besonders selbstwertdienlich ist.
8. Skizzieren Sie das Ziel eines Trainingsprogramms zur Erhöhung der Leistungsmotivation.
9. Was versteht man unter externaler bzw. internaler Kontrollüberzeugung?
10. Was versteht man unter Situationsergebnis-Erwartung, Handlungs-Ergebnis-Erwartungen und Ergebnis-Folge-Erwartungen?
11. Skizzieren Sie anhand der Situationsergebnis-Erwartungen, der Handlungs-Ergebnis-Erwartungen und der Ergebnis-Folge-Erwartungen einen Interventionsansatz zur Steigerung der Mitarbeitermotivation.

Zusammenfassung

- Erwartungswerttheorien beschreiben motiviertes Verhalten als Ergebnis der Bedeutsamkeit eines Ziels und der subjektiven Erwartung, dieses Ziel auch erreichen zu können.
- Das Risiko-Wahl-Modell beschreibt Motivation als Produkt von Motivstärke, Erwartung und Anreiz.
- In Leistungssituationen kann dabei zwischen dem Motiv Erfolg zu erzielen und dem Motiv Misserfolg zu vermeiden unterschieden werden.
- Erfolgsorientierung und Misserfolgsorientierung sind dispositionale Eigenschaften, können aber auch situativ variieren.

- Erfolgsorientierung und Misserfolgsorientierung haben Einfluss auf den Selbstwert.
- Der Erfolgsanreiz hängt unmittelbar mit der erwarteten Lösungswahrscheinlichkeit ab: je unwahrscheinlicher die Lösung, desto größer der Anreiz.
- Die Misserfolgsmotivation steigt mit zunehmender Lösungswahrscheinlichkeit.
- Die Gesamtmotivation setzt sich stets aus Erfolgs- und Misserfolgsmotivation zusammen.
- Misserfolgsmotivation ist immer negativ und wirkt hemmend.
- Erfolgsorientierte Personen bevorzugen mittelschwere Aufgaben.
- Misserfolgsorientierte Personen sollten leichte bzw. schwere Aufgaben präferieren.
- Erfolg und Misserfolg können auf unterschiedliche Ursachen attribuiert werden.
- Ein internaler Attributionsstil im Erfolgsfall ist selbstwertdienlich, ebenso wie eine externe Attribution im Fall des Misserfolgs.
- Empirische Evidenz gibt es insbesondere für die Vorhersagen hinsichtlich der erfolgsmotivierten Personen.
- Bei der Gesamtmotivation sind auch extrinsische Faktoren zu berücksichtigen.
- Generalisierte Erwartungen lassen sich nach internaler Kontrolle und externaler Kontrolle unterscheiden.
- Internale Kontrollüberzeugung meint die Überzeugung, durch eigenes Handeln die Situation verändern zu können.
- Externale Kontrollüberzeugung ist die Überzeugung, dass externe Faktoren den Ausgang der Situation bestimmen.
- Internale Kontrollüberzeugung und Selbstwirksamkeit sind vergleichbare Konzepte.
- Situationsergebnis-Erwartungen bezeichnen die Erwartung, dass eine Situation ohne eigenes Zutun zu einem gewünschten Ergebnis führen.
- Handlungs-Ergebnis-Erwartungen bezeichnen die Erwartung, durch eigenes Zutun den Ausgang der Situation zu verändern.
- Ergebnis-Folge-Erwartungen bezeichnen die Erwartung, welche Konsequenzen das Situationsergebnis für persönlich relevante Ziele besitzt.

Schlüsselbegriffe

Attributionen, Erfolgsmotivation, Ergebnis-Folge-Erwartungen, Erwartungswerttheorien, externale Kontrollüberzeugung, generalisierte Erwartungen, Handlungs-Ergebnis-Erwartungen, internale Kontrollüberzeugung, Leistungsmotivation, Misserfolgsmotivation, Situationsergebnis-Erwartungen

8

Literatur

Atkinson, J. W. (1957). Motivational determinants of risk-taking behavior. *Psychological Review, 64*(6), 359–372.

Atkinson, J. W., & Litwin, G. H. (1960). Achievement motive and test anxiety conceived as motive to approach success and motive to avoid failure. *The Journal of Abnormal and Social Psychology, 60*(1), 52–63.

Bandura, A. (1979). *Sozial-kognitive Lerntheorie*. Stuttgart: Klett.

Feather, N. T. (1961). The relationship of persistence at a task to expectation of success and achievement related motives. *The Journal of Abnormal and Social Psychology, 63*(3), 552–561.

Graham, S. (1991). A review of attribution theory in achievement contexts. *Educational Psychology Review, 3*(1), 5–39.

Heckhausen, H. (1977). Achievement motivation and its constructs: A cognitive model. *Motivation and Emotion, 1*(4), 283–329.

Heckhausen, J., & Heckhausen, H. (2018). *Motivation und Handeln* (5. Aufl.). Berlin: Springer.

Isaacson, R. L. (1964). Relation between n achievement, test anxiety, and curricular choices. *The Journal of Abnormal and Social Psychology, 68*(4), 447–452.

Karabenick, S. A., & Youssef, Z. I. (1968). Performance as a function of achievement motive level and perceived difficulty. *Journal of Personality and Social Psychology, 10*(4), 414–419.

Lewin, K. (1951/2012). *Feldtheorie in den Sozialwissenschaften*. Bern: Hans Huber Klassik.

Miller, D. T., & Ross, M. (1975). Self-serving biases in the attribution of causality: Fact or fiction? *Psychological Bulletin, 82*(2), 213–225.

Rand, P. (1987). Research on achievement motivation in school and college. In F. Halisch & J. Kuhl (Hrsg.), *Motivation intention and volition* (S. 215–232). Berlin: Springer.

Rheinberg, F., & Engeser, S. (2010). Motive training and motivational competence. In O. C. Schultheiss & J. C. Brunstein (Hrsg.), *Implicit motives* (S. 510–548). Oxford: Oxford University Press.

Rotter, J. B. (1966). Generalized expectancies for internal versus external control of reinforcement. *Psychological Monographs: General and Applied, 80*(1), 1–28.

Schmalt, H.-D. (1999). Assessing the achievement motive using the grid technique. *Journal of Research in Personality, 33*(2), 109–130.

Stiensmeier-Pelster, J., & Heckhausen, H. (2018). Kausalattributionen von Verhalten und Leistung. In J. Heckhausen & H. Heckhausen (Hrsg.), *Motivation und Handeln* (5. Aufl., S. 452–492). Berlin: Springer.

Trope, Y. (1975). Seeking information about one's ability as a determinant of choice among tasks. *Journal of Personality and Social Psychology, 32*(6), 1004–1013.

Vroom, V. H. (1964). *Work and motivation*. New York: Wiley.

Weiner, B. (1979). A theory of motivation for some classroom experiences. *Journal of Educational Psychology, 71*(1), 3–25.

Weiner, B. (1985). An attributional theory of achievement motivation and emotion. *Psychological Review, 92*(4), 548–573.

Weiner, B., & Kukla, A. (1970). An attributional analysis of achievement motivation. *Journal of Personality and Social Psychology, 15*(1), 1–20.

Handlungstheoretische Ansätze

© Springer-Verlag GmbH Deutschland, ein Teil von Springer Nature 2019
P. M. Bak, *Lernen, Motivation und Emotion*, Angewandte Psychologie Kompakt,
https://doi.org/10.1007/978-3-662-59691-3_9

9

Lernziele

— Die Bedeutung handlungstheoretischer Theorien erklären
können
— Das Rubikon-Modell der Handlungsphasen sowie das
Zwei-Prozess-Modell der Handlungsregulation beschreiben
und sie auf ihre jeweilige praktische Anwendung hin untersuchen und bewerten können

Einführung

Handlungstheoretische Ansätze rücken die Person mit ihren Zielen
und Bedürfnissen als intentional handelndes Wesen in den Mittelpunkt. Wir verfolgen Absichten, stoßen dabei auf Hürden, Barrieren oder Chancen und Möglichkeiten und passen uns fortwährend
an die Gegebenheiten an. Man kann handlungstheoretische Ansätze durchaus als Versuch ansehen, menschliches Verhalten ganz-
heitlich zu betrachten. Während beispielsweise in behavioristischen Theorien kognitive Aspekte unberücksichtigt bleiben,
spielen freie Entscheidungen der Person in triebtheoretischen Ansätzen keine Rolle. Handlungstheoretische Konzeptionen versuchen dagegen menschliches Handeln im Kontext emotionaler, kognitiver, motivationaler und umweltbezogener Faktoren sowie
von deren Wechselwirkungen zu betrachten.

Kybernetische
Regelkreismodelle

Die im Folgenden vorgestellten Modelle sind nicht allein auf motivationspsychologische Aspekte beschränkt, sondern eher als
übergeordnete Rahmenmodelle zur Beschreibung und Erklärung
von Passungsprozessen zwischen den kontextuellen Rahmenbe-
dingungen und individuellen Zielen und Handlungsmöglichkei-
ten zu verstehen (vgl. z. B. Brandtstädter 2007a). Historische
Grundlage der hier vorgestellten Modelle sind die kybernetischen
Regelkreismodelle (z. B. Pribram et al. 1960). Diese Modelle versuchen das Verhalten von Systemen zu beschreiben, die sich flexi-
bel an sich verändernde Umweltbedingungen anpassen können.
Dazu wird zunächst zwischen einem Ausgangszustand (Ist-Wert)
und einem Zielzustand (Soll-Wert) unterschieden. Weicht der
Soll-Zustand vom Ist-Zustand ab, wird ein Verhalten initiiert, das
die Diskrepanzreduktion zum Ziel hat. Wird der Soll-Zustand auf
diese Weise erreicht, wird das Verhalten eingestellt, andernfalls
wird erneut eingegriffen. Diese Prozesskette wird auch als sogenannte TOTE-Schleife bezeichnet, wobei TOTE das Akronym für
Test-Operate-Test-Exit darstellt (vgl. dazu ◘ Abb. 9.1).

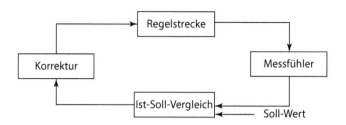

◙ **Abb. 9.1** Kybernetisches Regelkreismodell

9.1 Das Rubikon-Modell der Handlungsphasen

Im Zusammenhang mit den Erwartungswertmodellen haben wir auf die Bedeutsamkeit von Ergebniserwartungen einerseits und Machbarkeitserwartungen andererseits hingewiesen. Damit ist aber noch nicht ausreichend erklärt, wann es zur eigentlichen Handlung kommt. Ich kann die zur Erreichung eines mir wichtigen Ziels nötigen Kompetenzen besitzen und dennoch nicht zielbezogen handeln, sondern ein anderes Verhalten bevorzugen.

Motiviertes Handeln ist stets ein Selektionsprozess, der bestimmte Ziele vor andere stellt und bestimmte Handlungen aus der Menge möglicher Handlungen auswählt. Es liegen zu jedem Zeitpunkt alternative Handlungsoptionen vor. Wie kommt es also dann zum Handeln? Wie erfolgt die Auswahl und nach welchen Kriterien? Die Erwartungswerttheorien können nicht erklären, warum wir nicht handeln, obwohl wir handeln könnten. Nicht handeln bedeutet hier, es liegt keine Motivation vor. Es wird nicht zwischen *Zielsetzung* und *Zielrealisierung* unterschieden. Ein Ziel muss aber auch gewollt werden, damit es realisiert wird, worauf Narziss Ach bei seiner *Analyse des Willens* (1935) schon hingewiesen hat. Das sogenannte Rubikon-Modell der Handlungsphasen greift diese Differenzierung auf und beschreibt „die Entstehung einer Motivationstendenz vom Wünschen zum Wählen und Wollen bis hin zu ihrer Deaktivierung über die Zeit" (Heckhausen und Heckhausen 2018, S. 358).

Zielsetzung und Zielrealisierung

9.1.1 Die vier Handlungsphasen

Das Rubikon-Modell unterscheidet vier unterschiedliche Handlungsphasen, nämlich Abwägen, Planen, Handeln und Bewerten (◙ Abb. 9.2).

Die Phase des Abwägens findet vor dem eigentlichen Handeln statt (*prädezisionale Handlungsphase*). Zu jedem Zeitpunkt konkurrieren verschiedene Wünsche, Bedürfnisse und Ziele miteinander, wobei die Motive der Person als „sprudelnde Quellen der

Motive als Quellen von Wünschen

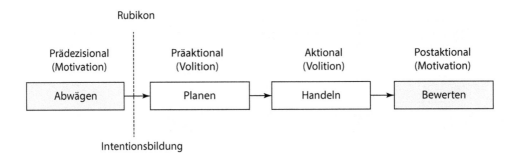

Abb. 9.2   Handlungsphasen des Rubikon-Modells

Wunschproduktion" zu verstehen sind (Heckhausen und Heckhausen 2018, S. 358). Die Person muss sich für eine Option entscheiden. Auch wird geprüft, ob ausreichend Zeit und Ressourcen
zur Realisierung vorhanden sind, welche Hindernisse sich mögli-
cherweise auftun und welche Konsequenzen mit der Erreichung
des Handlungsziels verbunden sind. Die Phase ist ganz im Sinne
der Erwartungswerttheorien geprägt durch ein Gegenüberstellen
und Bewerten der Handlungsalternativen hinsichtlich der Bedeutsamkeit des zu erwartenden Ergebnisses und der Umset-
zungschancen. Auch wird hier das antizipierte Ergebnis im Hinblick auf andere bedeutsame Ziele betrachtet. So kann ein
Handlungsergebnis einerseits verlockend sein, z. B. den Unter-
richt für ein Rendezvous einfach mal ausfallen zu lassen, im Zusammenhang mit anderen wichtigen Zielen, z. B. einen guten Abschluss   zu   erreichen,   dagegen   kontraproduktiv   sein
(Ergebnis-Folge-Erwartungen). Diese Phase, die unterschiedlich
lange andauern kann, wird in dem Moment beendet, in dem der
Wunsch in ein verbindliches Ziel überführt wird, wenn also eine
Zielintention gebildet wird und wir uns für ein bestimmtes Ziel
und dessen Realisierung entschlossen haben. Dies wird im Modell
als „Überschreiten des Rubikon" bezeichnet, um damit auszudrücken, dass es danach – wie einst bei Cäsar, als er gegen Pompeius
in den Krieg zog – keinen Weg zurück mehr gibt, sondern die Intentionsbildung mit einer entsprechenden Selbstverpflichtung
(*commitment*) einhergeht. Dies ist aus funktionaler Sicht auch
wichtig, damit einmal gefasste Zielintentionen auch in die Tat umgesetzt werden können und wir nicht in der Phase des Abwägens
verharren.

Gelegenheit muss günstig
sein

Die zweite, *präaktionale Phase* (oder *postdezisionale Phase*)
kann als Vorbereitungsphase bezeichnet werden. Das Ziel ist gefasst, jetzt geht es um die Frage, wie es erreicht werden soll. Im
Gegensatz zur motivationalen prädezisionalen Phase besitzt die
präaktionale Phase *volitionalen* Charakter, was nichts anderes be-

deutet, als dass jetzt das selektierte Ziel *gewollt* wird. Ein Ziel wird ja nicht dadurch bereits umgesetzt, dass man es sich vornimmt. Auch die Umstände und Möglichkeiten müssen gerade passen. Die Gelegenheit muss günstig sein. In dieser zweiten Phase werden Vorsätze gefasst, Pläne geschmiedet und Zielerreichungsphantasien entwickelt. Es ist davon auszugehen, dass je konkreter man sich mit den nötigen Schritten der Zielerreichung und dem antizipierten Ergebnis befasst, die Zielbindung umso stärker ausfällt und die *Durchführungsintention* umso stärker wird.

Die Wirkung einer vorgestellten Zielerreichungszukunft auf das gegenwärtige Erleben macht man sich auch in anwendungspraktischen Zusammenhängen zunutze, etwa in der Beratung oder im Coaching. Je konkreter etwa Beratungsziele formuliert werden können, umso eher ergeben sich daraus auch praktisch umsetzbare Veränderungsschritte (siehe dazu z. B. Kirn et al. 2015). Sind die Pläne zur Zielerreichung gefasst und die Gelegenheit günstig, wird in der dritten, *aktionalen Phase* die Zielerreichung in Angriff genommen. Das Ziel wird hartnäckig verfolgt, die Anstrengungen wenn nötig erhöht. Der Willenskraft kommt hier bei auftauchenden Hürden und bei der beharrlichen Handlungsausführung eine besondere Funktion zu, weswegen auch diese Phase volitionalen Charakter besitzt. Kommen die Handlungen zur Zielerreichung zum Ende, schließt sich die letzte, *postaktionale Phase* an, die wiederum motivationalen Charakter hat. Die Handlungsergebnisse werden darauf geprüft, ob das Ziel erreicht wurde, ob es hält, was man sich davon versprochen hat, ob gegebenenfalls weitere Schritte zur Zielerreichung nötig sind und welche Auswirkungen das Ergebnis auf andere Ziele besitzt. Wurde das Ziel nicht zufriedenstellend erreicht, können neue Pläne entwickelt werden oder das Anspruchsniveau entsprechend gesenkt werden.

Zielerreichungszukunft

Blick in die Praxis: Wie die imaginierte Lösungszukunft jetzt wirken kann

In der Beratung geht es in der Regel darum, Wege zu finden, die es einem ermöglichen, von einem weniger erwünschten Ist-Zustand zu einem gewünschten Soll-Zustand zu gelangen. Der Weg dorthin wird meistens als aufwendig und voller Hindernisse also als problemhaft erlebt. Ein wichtiger Interventionsschritt kann dabei auch darin liegen, das Commitment an ein zukünftiges Ziel zu erhöhen, um die Zielerreichungsmotivation gegenüber Widerständen zu

9

schützen. Dies kann beispielsweise durch die Imagination der angestrebten Lösungszukunft erreicht werden. Je besser es mir gelingt, mich in die Situation hineinzuversetzen, in der das Problem gelöst ist, umso sinnvoller erscheint mir der Weg dorthin. Zudem ermöglicht eine Zielimagination auch bereits frühzeitig zu klären, ob ein angestrebtes Ziel realisierbar ist, welche erwarteten und unerwarteten positiven wie negativen Folgen womöglich damit verbunden sind und woran man erkennen wird, dass das Ziel erreicht wurde (z. B. mit Hilfe der „Wunderfrage" (de Shazer 2008): Angenommen, Sie wachen auf, und das Problem ist gelöst. Woran erkennen Sie das? Was tun Sie dann?). Aber nicht nur das, durch die Vorstellung der Lösungszukunft wird außerdem impliziert, dass das Problem beseitigt sein wird, es also prinzipiell lösbar ist. Auch das kann unmittelbar positive Effekte nach sich ziehen, wenn man bedenkt, dass wir es beim Problemerleben häufig mit zwei Problemen zu tun haben: mit dem eigentlichen Problem und dem zweiten, dass wir nämlich auch noch meinen, dass sich das Problem nicht lösen wird. Drittens wirkt die Imagination der Lösungszukunft in der Gegenwart angenehm und vielleicht sogar euphorisierend. Im Vergleich zu einer Gegenwart, in der ich mich durch das Problemerleben eher geschwächt wahrnehme, ist das ein bedeutsamer Unterschied, der mir verdeutlicht, dass es auch an mir liegt, wie ich mich in problematischen Situationen erleben kann und mich mit der nötigen Energie ausstatten kann, Schritte in Richtung Lösungszukunft zu gehen (weiterführend dazu siehe z. B. Kirn et al. 2015; Schmidt 2005).

9.1.2 Bewusstseinslagen

Tunnelblick

Ähnlich, wie Lewin davon ausgegangen ist, dass Spannungszustände mit kognitiven und emotionalen Veränderungen einhergehen, wird im Rubikon-Modell angenommen, dass jede Handlungsphase mit einer spezifischen „Bewusstseinslage" assoziiert ist. Man ist beispielsweise der Meinung, dass je nach Handlungsfortschritt unterschiedliche Informationen bedeutsam sind und es auch zu Unterschieden in der Informationsverarbeitung kommt. In der *prädezisionalen Phase* wird von einer *abwägenden Bewusstseinslage* ausgegangen. Es geht darum, Alternativen gegeneinander abzuwägen, zu prüfen, welche Präferenzen man hat, welche Möglichkeiten zur Zielrealisierung erwartet werden können und welche Folgen mit der Zielerreichung verbunden sein könnten. Generell ist man offen für Informationen und Anregungen aller

Art. In der planenden Bewusstseinslage, die sich in der präaktionalen Phase anschließt, richtet sich der Fokus auf die Realisierung eines Ziels. Günstige Gelegenheiten müssen ebenso erkannt werden wie auftauchende Barrieren. Die Zielerreichung muss geplant sein. Die Aufmerksamkeit verengt sich und richtet sich vornehmlich auf die für die Zielerreichung wichtigen Inhalte und Reize, irrelevante Dinge werden ausgeblendet. Optimismus erhöht den Realisierungsanreiz. Diese Fokussierung verschärft sich nochmals in der aktionalen Bewusstseinslage, in der es allein um die Sicherstellung des anvisierten Ergebnisses geht. Es werden keine Gedanken mehr an Alternativen verschwendet, keine Handlungsoptionen gegeneinander abgewogen. Das Handeln muss abgesichert werden. Die Aufmerksamkeit verengt sich weiter auf jene relevanten Aspekte, die für die unmittelbare Handlungsausführung relevant sind. Man kann das sinnbildlich auch als „Tunnelblick" umschreiben. Es zählt nur noch, was die Handlung zum Erfolg bringt, alles andere wird ausgeklammert. Es herrscht ein starker Glaube an die Realisierbarkeit des gesetzten Ziels. Diese Phase dauert so lange an, bis das Handeln etwa durch Probleme ins Stocken gerät oder das Handlungsziel erreicht wurde. Die nächste Phase wird von der bewertenden Bewusstseinslage begleitet, in der die Ergebnisfolgen bewertet werden. Wurden die verfolgten Ziele erreicht, bzw. was muss noch getan werden, um sie zu erreichen? Welche Folgen haben nun die Ergebnisse für mich und meine anderen Ziele, bzw. was muss ich für die weiteren Ziele jetzt tun?

Blick in die Praxis: Bedarfsgerechte Kommunikation

Der Umstand, dass in Abhängigkeit der Handlungsphasen unterschiedliche Sensibilitäten für Reize und Anforderungen an Informationen bestehen, macht die „Bewusstseinslagen" auch für die Kommunikation, und hier v. a. die persuasive Kommunikation (Kommunikation des Überzeugens), interessant. Es ist sofort verständlich, dass ich eine gerade im Handeln befindliche Person nicht durch neue Ideen und Vorschläge für ein anderes Ziel oder ein anderes Handeln begeistern kann. Der beste Zeitpunkt dafür ist die abwägende Bewusstseinslage. Mehr noch, eine handelnde Person mag unter Umständen noch nicht einmal davon Notiz nehmen, dass ich sie anspreche, da sie völlig in ihrem Tun aufgeht, sich quasi im „Flow" (Csikszentmihalyi 1990) befindet.

Wirksame und überzeugende Kommunikation, wie sie beispielsweise in der Werbung angestrebt wird, hat den

Zusammenhang zwischen Handeln und Informationsbedarf bzw. -sensibilität längst erkannt. Unter dem Begriff des „narrow casting" wird beispielsweise die Fernsehwerbung gefasst, die zum redaktionellen Umfeld der eigentlichen Werbemaßnahme passt. Die zugrunde liegende Idee könnte direkt aus der Vorstellung der Bewusstseinslagen abgeleitet worden sein. Wenn sich nämlich eine Person entschieden hat, ein bestimmtes Programm zu verfolgen, dann entspricht das einer Zielverfolgung. Sie wird daher aller Voraussicht nach v. a. für solche Informationen anfällig sein, die zum Themenumfeld der Sendung passen, nicht passende Informationen werden dagegen weniger beachtet (vgl. dazu auch Bak 2019). Auch in anderen Fällen ist es ratsam, die Weitergabe von Informationen an den Zustand der Rezipienten anzupassen. Zur Sicherstellung einer erfolgreichen Kommunikation ist das gemeinsame Verfolgen eines gemeinsamen Ziels eine gute Voraussetzung. In dem Fall kann nämlich davon ausgegangen werden, dass alle Empfänger für die gleichen Reize und Informationen anfällig sind. Rituale sind dazu ein geeignetes Mittel (vgl. dazu auch Bak 2016).

9.2 Das Zwei-Prozess-Modell der Handlungsregulation

Ist-Soll-Diskrepanzen

Rückt das Rubikon-Modell der Handlungsphasen das zielbezogene Handeln in den Fokus, betrachtet das Zwei-Prozess-Modell der Handlungsregulation (z. B. Brandtstädter 2007b, 2011) den Handlungsprozess auf einer noch allgemeineren Ebene. Wir handeln in erster Linie, um persönlich relevante Ziele zu erreichen. Ziele lassen sich dabei als Ist-Soll-Diskrepanzen beschreiben. Wir wollen Ziele aber nicht um ihrer selbst willen erreichen, sondern weil wir uns auch anhand der Ziele und Ergebnisse selbst definieren. Später mal Psychologin oder Psychologe sein, das ist vielleicht ein wichtiger Bestandteil Ihrer Selbstdefinition. Diese selbstrelevanten Ziele erfahren eine große Bindung und sind starke Motive. Aber nicht immer gelingt es, angestrebte Ziele zu erreichen. Wir können scheitern, oder die Ziele sind aus anderen Gründen blockiert. Welche Auswirkungen hat das auf motivationale Prozesse?

Das Zwei-Prozess-Modell der Handlungsregulation beschreibt zwei antagonistische Tendenzen, um mit Ist-Soll-Diskrepanzen umzugehen. Ausgangspunkt ist das Erkennen einer solchen Diskrepanz und das daraus resultierende Bedürfnis, den gegenwärtigen Ist-Zustand im Sinne des gewollten Soll-Zustandes zu verändern. In der Regel tun wir dies, indem wir entsprechend handeln, also aktiv an der Beseitigung der Diskrepanz arbeiten, vorausgesetzt, wir verfügen über die dazu notwendigen Ressourcen und Kompetenzen. Diese Form der Diskrepanzreduktion wird als Assimilation bezeichnet. Zur Beschreibung der einzelnen Handlungsschritte eignet sich wiederum das Rubikon-Modell der Handlungsphasen. Wir wägen Ziele gegeneinander ab, suchen und bewerten die geeigneten Handlungsoptionen, handeln dann entsprechend und bewerten das Handlungsergebnis hinsichtlich der Folgen für unser Ziel. Es gibt aber Ziele, die sich trotz Anstrengung nicht realisieren lassen: Eine Zulassungsprüfung, die nicht bestanden wurde und die uns an der Fortführung des Studiums hindert, der Verlust von Kompetenzen, oder einfach nur mit dem Altern einhergehende Verluste körperlicher oder geistiger Art, die bestimmte erwünschte Zielzustände zunehmend unmöglich machen. Ein hartnäckiges Festhalten an unerreichbaren Zielen ist nur solange funktional, solange die Ziele tatsächlich auch erreicht werden können.

Was aber, wenn nicht? In diesem Fall setzt die Akkommodation an. Statt den Ist-Zustand aktiv handelnd an den Soll-Zustand anzunähern, kommt es hier zu einer Anpassung des Soll-Zustandes an den Ist-Zustand. Es kommt zu Neubewertungen der Ziele und der Ausgangsbedingungen und die Zielvorgaben werden aus anderer Perspektive betrachtet. Kurz, die Zielvorgaben gleichen sich den Möglichkeiten an. Dieser akkommodative Prozess ist im Gegensatz zur Assimilation kein Prozess der Zielverfolgung und auch kein Handeln im eigentlichen Sinne. Auch kann man eine Neubewertung der Ziele nicht per Willensakt erreichen. Akkommodation passiert (Brandtstädter spricht von „Widerfahrnis"). Allerdings kann dieser Prozess unterstützt oder auch angeregt werden, indem Möglichkeiten der Neubewertung aufgezeigt werden. Die Akkommodation wird zunehmend dann funktional, wenn die Zielerreichung durch die Assimilation nicht mehr möglich ist. Dysfunktional wäre sie in dem Fall, in dem sie in den Prozess der Diskrepanzreduktion zu einem Zeitpunkt eintritt, in dem die aktive Lösung noch möglich ist.

Assimilation und Akkommodation arbeiten gewissermaßen Hand in Hand. Solange assimilative Bemühungen noch erfolgversprechend sind, müssen akkommodative Tendenzen im Hintergrund bleiben, andernfalls käme es zu einer zu frühen *Zielablösung*. Auf der anderen Seite bremsen akkommodative Tendenzen nutzlose assimilative Anstrengungen ab, wenn diese keine Realisierungschance mehr haben. Zweifel an der Zielerreichbarkeit, Phantasien über die Folgen der misslungenen Zielerreichung, Reframing-Prozesse, die das Scheitern unter günstigerer Perspektive erscheinen lassen, verringern sukzessive die *Zielbindung*, so dass zunehmend auch eine Zukunft ohne das ehedem wichtige Ziel erreicht zu haben vorstellbar wird. Das gelingt umso eher, je

Assimilation und Akkommodation

verfügbarer alternative Bewertungen sind, je eher Ziele sich auch durch andere Ziele ersetzen lassen und je mehr ebenfalls bedeutsame Ziele noch als realisierbar wahrgenommen werden, je geringer also die Auswirkungen des verpassten Ziels auf die Selbstdefinition der Person sind. Kritisch kann der Übergang von assimilativen Prozessen zu akkommodativen Tendenzen immer dann sein, wenn aktive Problemlöseversuche zwar noch unternommen werden, akkommodative Prozesse gleichzeitig aber schon die Sinnhaftigkeit weiterer Anstrengungen untergraben. In diesem Fall kann es zu einem *Regulationsdilemma* kommen. Dabei pendelt die Person ganz im Sinne eines doppelten Annäherungs-Vermeidungskonflikts zwischen dem Wunsch, das Ziel nicht aufgeben zu wollen und der Einsicht, das (vielleicht gar nicht mehr so wichtige) Ziel nicht mehr erreichen zu können, hin und her, kommt dadurch einer befriedigenden Lösung aber nicht näher (siehe dazu Bak und Brandtstädter 1998).

Blick in die Praxis: Zwei-Prozess-Modell als Grundlage eines Beratungsprozesses

Das Zwei-Prozess-Modell wurde zur Beschreibung, Erklärung und Vorhersage individuellen Verhaltens entwickelt, eignet sich aber auch für den organisationalen Kontext. Es lassen sich daraus einfache, aber wirksame Interventionsschritte ableiten. Die Prozesse von Assimilation und Akkommodation können gewissermaßen als Blaupause eines Beratungsprozesses angesehen werden. Zunächst hat individuelles (wie organisationales) Handeln nur solange einen Sinn, wie es der Zielerreichung dient. Optimierungspotenzial besteht hier in der Zugänglichkeit hilfreicher Ressourcen und Kompetenzen sowie der Überprüfung der bisherigen Fortschritte. Sind die Investitionen im Vergleich zu dem zu erwartenden Ergebnis zu hoch oder scheitert man an der (Teil-)Zielerreichung, dann wird es u. U. wichtig, sich von den gesetzten Zielen zu verabschieden. Je konkreter dabei die Zielerreichung definiert wurde, desto leichter fällt die Entscheidung. Es sollte analysiert werden, weswegen die Zielerreichung gescheitert ist. Welche internen (individuellen) oder externen Faktoren waren daran beteiligt? Was kann daraus für die Zukunft gelernt werden? Die Zielablösung kann dadurch beschleunigt bzw. erleichtert werden, dass nach alternativen Zielen gesucht wird bzw. das Scheitern als Chance gewertet wird, Fehler in Zukunft zu vermeiden, also zu einer realistischen Einschätzung zu kommen und/oder neue Ziele in Angriff zu nehmen,

9

die ansonsten nicht berücksichtigt worden wären. Zudem besteht die Möglichkeit, das Scheitern auch als zweitbeste, unter den gegebenen Bedingungen vielleicht sogar beste Lösung anzusehen. Auch dazu müssen entsprechende Bewertungsprozesse eingeleitet werden.

❓ Prüfungsfragen

1. Beschreiben Sie ein einfaches kybernetisches Regelkreis-modell mit einer TOTE-Schleife.
2. Warum ist es wichtig, zwischen Zielsetzung und Zielreali-sierung zu unterscheiden?
3. Was ist der Unterschied zwischen Wünschen, Wählen und Wollen?
4. Was kann man unter dem Begriff Volition verstehen?
5. Im Rubikon-Modell der Handlungsphasen werden vier Phasen unterschieden. Welche sind das und welche Prozesse laufen dabei ab?
6. Was ist mit „Bewusstseinslagen" gemeint und wie lassen sich diese in Bezug auf das Rubikon-Modell differenzieren?
7. Wodurch verstärkt sich die Durchführungsintention?
8. Welche beiden Prozesse unterscheidet das Zwei-Prozess-Modell der Handlungsregulation?
9. Wie kann man sich das Entstehen eines Regulationsdilem-mas erklären? Wie könnte man es lösen?

Zusammenfassung

- Kybernetische Regelkreismodelle beschreiben prototypisches Verhalten zur Beseitigung von Ist-Soll-Diskrepanzen.
- Das Rubikon-Modell der Handlungsphasen unterscheidet zur Beschreibung von intentionalem Handeln vier Phasen und differenziert dabei zwischen Zielsetzung und Zielrealisierung.
- In der prädezisionalen Phase werden unterschiedliche Ziele gegeneinander abgewogen, es kommt zur Intentionsbildung.
- In der präaktionalen Phase wird die Zielerreichung vorbereitet und geplant.
- In der aktionalen Phase wird zielbezogen gehandelt.
- In der postaktionalen Phase wird das Handlungsergebnis bewertet.

- Jede Phase geht mit einer spezifischen Bewusstseinslage einher.
- Unter Volition versteht man, dass ein Ziel auch gewollt werden muss, damit zielbezogene Handlungen initiiert werden.
- Das Zwei-Prozess-Modell der Handlungsregulation unterscheidet zwischen assimilativen und akkommodativen Prozessen der Diskrepanzreduktion.
- Assimilation meint die aktiv handelnde Veränderung des Ist-Zustandes in Richtung Soll-Zustand.
- Akkommodation meint die Anpassung des Soll-Zustandes an die Möglichkeit des Ist-Zustandes.
- Assimilation ist funktional, solange die Zielerreichung möglich ist, dysfunktional dagegen, wenn die Zielerreichung blockiert oder unmöglich ist und die Zielbindung aufrechterhalten wird.
- Akkommodation ist funktional, wenn die Zielerreichung nicht mehr möglich ist, dysfunktional jedoch dann, wenn sie zu einer zu frühen Zielablösung führt.
- Sind sowohl Assimilation als auch Akkommodation gleich stark, kann es zu einem Regulationsdilemma kommen.

Schlüsselbegriffe

Akkommodation, aktionale Phase, Assimilation, Bewusstseinslage, Durchführungsintention, kybernetisches Regelkreismodell, postaktionale Phase, präaktionale Phase, prädezisionale Phase, Regulationsdilemma, Volition, Zielablösung, Zielbindung

Literatur

Ach, N. (1935). Analyse des Willens. In E. Abderhalden (Hrsg.), *Handbuch der biologischen Arbeitsmethoden* (Bd. 6). Berlin: Urban & Schwarzenberg.

Bak, P. M. (2016). *Zu Gast in Deiner Wirklichkeit. Empathie als Voraussetzung gelungener Kommunikation.* Heidelberg: Springer Spektrum.

Bak, P. M. (2019). *Werbe- und Konsumentenpsychologie. Eine Einführung* (2. Aufl.). Wiesbaden: Schaeffer-Poeschel.

Bak, P. M., & Brandtstädter, J. (1998). Flexible Zielanpassung und hartnäckige Zielverfolgung als Bewältigungsressourcen. *Zeitschrift für Psychologie, 3,* 235–249.

Brandtstädter, J. (2007a). Entwicklungspsychologie der Lebensspanne: Leitvorstellungen und paradigmatische Orientierung. In J. Brandtstädter & U. Lindenberger (Hrsg.), *Entwicklungspsychologie der Lebensspanne. Ein Lehrbuch* (1. Aufl., S. 34–66). Stuttgart: Kohlhammer.

Brandtstädter, J. (2007b). Hartnäckige Zielverfolgung und flexible Zielanpassung als Entwicklungsressourcen: Das Modell assimilativer und akkommodativer Prozesse. In J. Brandtstädter & U. Lindenberger (Hrsg.), *Entwicklungspsychologie der Lebensspanne. Ein Lehrbuch* (1. Aufl., S. 413–445). Stuttgart: Kohlhammer.

Brandtstädter, J. (2011). Positive Entwicklung. In *Zur Psychologie gelingender Lebensführung*. Heidelberg: Spektrum Akademischer.

Csikszentmihalyi, M. (1990). *Flow: The psychology of optimal performance*. New York: Cambridge University Press.

De Shazer, S. (2008). *Der Dreh. Überraschende Wendungen und Lösungen in der Kurzzeittherapie*. Heidelberg: Carl-Auer-Systeme.

Heckhausen, J., & Heckhausen, H. (2018). *Motivation und Handeln* (5. Aufl.). Berlin: Springer.

Kirn, T., Echelmeyer, L., & Engberding, M. (2015). *Imagination in der Verhaltenstherapie* (2. Aufl.). Heidelberg: Springer.

Pribram, K. H., Miller, G. A., & Galanter, E. (1960). *Plans and the structure of behavior*. New York: Holt, Rinehart and Winston.

Schmidt, G. (2005). *Einführung in die hypnosystemische Therapie und Beratung*. Heidelberg: Carl-Auer-Systeme.

Motive

© Springer-Verlag GmbH Deutschland, ein Teil von Springer Nature 2019
P. M. Bak, *Lernen, Motivation und Emotion*, Angewandte Psychologie Kompakt,
https://doi.org/10.1007/978-3-662-59691-3_10

Lernziele

— Erklären können, was wir unter expliziten und impliziten
  Motiven verstehen
— Die drei Motivklassen Leistung, Macht und soziales Motiv
  differenziert beschreiben können
— Anwendungsbeispiele für die drei Motivklassen finden und
  erläutern

Einführung

Unsere bisherigen Betrachtungen bezogen sich in erster Linie auf
die Frage, wie es überhaupt zu motiviertem Verhalten kommt, was
ein solches Verhalten auslöst oder antreibt. Menschen unterscheiden sich jedoch darin, wie sie die Welt um sich herum wahrnehmen, was sie als besonders motivierend empfinden oder welche
Reize bei ihnen zu welchem Verhalten führen. Es gibt Menschen,
die dazu neigen, sich permanent mit anderen messen zu wollen.
Für andere wiederum ist die soziale Gemeinschaft besonders wichtig, um sich sicher und sozial eingebunden zu fühlen. Je nachdem,
welche dispositionalen Präferenzen wir besitzen, welche Motive
bei uns dominieren, Situationen wahrzunehmen und zu bewerten,
resultieren daraus ganz unterschiedliche Verhaltensweisen.

In diesem Kapitel wollen wir uns näher mit den Motiven beschäftigen, die unseren Verhaltensweisen zugrunde liegen. Betrachten wir
dazu zunächst, welche Rolle den Motiven beim Verhalten zukommt.
An welcher Stelle des Verhaltensprozesses treten sie in welcher Art
und Weise in Erscheinung? Eine bestimmte Situation lässt sich als
Komplex von Gelegenheiten und Anreizen verstehen, die auf personale Faktoren, also Bedürfnisse, Wünsche, Ziele und Motive treffen.
Aus der Wechselwirkung dieser situativen und personalen Faktoren
ergibt sich die eigentliche, situative Motivation, deren Ergebnis
dann ein bestimmtes Verhalten ist (vgl. ▶ Abb. 5.2). Die Motivation
kann als Verhaltensdrang angesehen werden, die Motive geben dagegen eher die Verhaltensrichtung oder -qualität vor. Wir müssen
die Motive allerdings noch etwas differenzierter betrachten.

10.1 Implizite und explizite Motive

Motive werden nach impliziten und expliziten (selbstzugeschrie-
benen) Motiven unterschieden (McClelland et al. 1989; zum
Überblick siehe Brunstein 2018). Als *implizite Motive* werden dis-

positional verankerte, emotional eingefärbte Präferenzen verstanden, situationsübergreifend auf bestimmte Reize in bestimmter Art und Weise zu reagieren. Das bedeutet, dass Personen mit unterschiedlichen Motivsystemen die gleiche Situation verschieden wahrnehmen. So kann eine Verabredung zum Tennis für eine Person die Einladung zum Leistungsvergleich darstellen, während sie für eine andere Person die Möglichkeit darstellt, ihr Geselligkeitsbedürfnis zu befriedigen. Die impliziten Motive werden durch motivrelevante, intrinsische Anreize befriedigt. Als *explizite Motive* werden im Gegensatz dazu die sprachlich ausdrückbaren Ziele und Werte einer Person verstanden, also das, was man erfährt, wenn man die Person nach den Gründen und Zielen ihres Handelns fragt (umfassend dazu siehe Heckhausen und Heckhausen 2018). Explizite Motive werden durch extrinsische Anreize angesprochen, d. h. ihre Befriedigung lässt sich von außen beobachten, ein stark ausgeprägtes soziales Motiv etwa an der Anzahl der Freunde.

Explizit genannte Ziele können sich allerdings darin unterscheiden, inwieweit sie von der Person selbst gewählt oder von anderen vorgegeben werden. Darauf weisen Ryan und Deci (2000) in ihrer *Selbstbestimmungstheorie* hin. Sie unterscheiden insgesamt fünf Motivationslagen, die sich auf einem Kontinuum von *völlig autonom* bis völlig *external kontrolliert* bewegen. External kontrollierte Ziele werden nur verfolgt, um einer Bestrafung zu entgehen bzw. eine Belohnung zu erhalten. Unter *introjizierter Regulation* verstehen Ryan und Deci jenes Verhalten, das wir zeigen, um jemandem einen Gefallen zu tun oder ein schlechtes Gewissen zu vermeiden. Die *identifizierte Regulation* meint, dass wir Ziele verfolgen, weil wir uns mit ihnen identifizieren, sie also unseren grundlegenden Werten und Überzeugungen entsprechen. In diesem Fall wurden die externalen Einflüsse in das Selbst integriert. Von *integrierter Regulation* wird gesprochen, wenn das Ziel vollkommen in die eigene Lebensgeschichte und Persönlichkeit aufgenommen wurde, externale Einflüsse also nicht mehr sichtbar sind. Neben dieser externalen Regulation gibt es schließlich noch die *intrinsische Motivation*, bei der Ziele ohne weiteren Bezug nach außen, einfach um ihrer selbst willen angestrebt werden. Intrinsische Regulation sowie Identifikation und Integration sind deutlich selbstbestimmter als die externale und introjizierte Regulation. Dies ist insofern von Bedeutung als das Maß an Autonomie den Grad der Selbstverpflichtung sowie die Persistenz in der Zielverfolgung erhöht.

Wie nicht zuletzt die Selbstbestimmungstheorie nahelegt, müssen implizite und explizite Motive nicht kongruent sein, sondern können sich auch widersprechen, also inkongruent sein. Ein explizites Machtmotiv kann implizit keine Entsprechung finden. Sind implizite und explizite Motive inkongruent, dann wirken sie auf antagonistische Art und Weise, was zum einen der Zielumset-

Selbstbestimmungstheorie

zung entgegenwirkt und zum anderen auch als Stressor wirken kann (Baumann et al. 2005). Aber welche Motive menschlichen Handelns lassen sich überhaupt vorfinden?

> **Blick in die Praxis: Mehr Motivation durch mehr Selbstbestimmung**
>
> Wie kann man Motivation steigern? Dazu gibt es zahlreiche Ideen und Vorschläge. Aus der Selbstbestimmungstheorie lassen sich klare Ableitungen treffen. Je autonomer die Tätigkeit angesehen wird, umso höher ist die Motivation. Als motivierende Faktoren lassen sich daher festhalten, dass möglichst viele Freiräume bei der Gestaltung von Arbeitsprozessen anzustreben sind. Demotivierend wirken dagegen zu enge Freiräume, detailliertes Vorschreiben der Arbeitsabläufe und zu viel Kontrolle. Die Selbstbestimmungstheorie hat sich sowohl in pädagogischen Kontexten als auch im organisationalen Zusammenhang (Stichwort autonome Arbeitsgruppen) als äußerst fruchtbar zur Gestaltung von Lern- und Lehrbedingungen erwiesen.

10

10.2 Welche Motive lassen sich unterscheiden?

Bedürfnishierarchie

Zur Erfassung menschlicher Motive gab es zahlreiche Ansätze. Murray (1938) nannte beispielsweise nicht weniger als 20 verschiedene Motive, darunter Leistung, sozialer Anschluss, Aggression, Unabhängigkeit, Schutz, Selbstgerechtigkeit, Machtausübung, Fürsorglichkeit oder Sexualität. Von Maslow (1954) stammt die auch außerhalb psychologischer Kontexte bekannte Bedürfnishierarchie, die auch als Bedürfnispyramide bekannt ist, in der von fünf hierarchisch aufeinander aufbauenden Bedürfnissen die Rede ist (siehe ◻ Abb. 10.1). Die unteren drei Ebenen, zum Teil auch die vierte Ebene, sind als Defizitmotive zu verstehen, d. h. auftretende Mangelzustände können zumindest vorübergehend durch entsprechende Verhaltensweisen bzw. die Akquisition von Gütern etc. befriedigt werden. Die Spitze der Pyramide stellt dagegen ein unstillbares Bedürfnis dar, das ständig nach Befriedigung verlangt. Darüber hinaus wird angenommen, dass andauernde Mangelzustände in einer untergeordneten Ebene zunächst beseitigt sein müssen, damit es auf übergeordneter Ebene zu motivational gesteuerten Prozessen kommen kann. Maslow sieht demnach Moti-

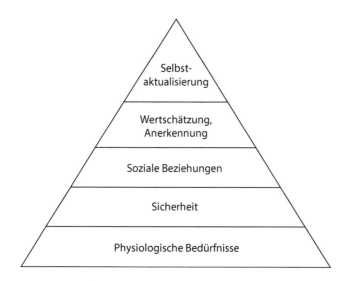

☐ **Abb. 10.1**   Die Bedürfnispyramide von Maslow

vation in erster Linie als Prozess, der durch personale Faktoren zu erklären ist, Umweltfaktoren spielen dabei keine Rolle.

Taxonomien wie die von Murray oder Maslow haben sich aus verschiedenen Gründen als wenig brauchbar für die Forschung wie auch für die praktische Anwendung herausgestellt. Zum einen betrachtet man Motivation heute als das Ergebnis von personalen Faktoren und Umweltfaktoren. Zum anderen lässt sich eine streng hierarchische Beziehung verschiedener Motive wie sie Maslow annimmt nicht nachweisen. Schließlich bleibt die Frage nach der Beliebigkeit der genannten Motive. So nennt beispielsweise Grawe (1998, 2004) neben den biologischen Bedürfnissen wie genügend Nahrung und Wasser oder Schlaf vier psychische Grundbedürfnisse, die für das psychische Wohlbefinden von zentraler Bedeutung sind, nämlich das nach *Orientierung und Kontrolle*, das nach *Lustgewinn bzw. Unlustvermeidung*, das Bedürfnis nach *Bindung* und schließlich das Bedürfnis nach *Selbstwerterhöhung*. Menschen streben nicht nur nach Bedürfniserfüllung, unerfüllte Bedürfnisse wirken sich auch negativ auf Wohlbefinden und Zufriedenheit aus. Um Bedürfnisbefriedigung zu erreichen, entwickeln Menschen entsprechende motivationale Ziele. Wie sich hier beispielhaft bei Grawe zeigt, werden die Begriffe (Grund-)Bedürfnis und Motiv nicht immer exakt voneinander abgegrenzt, bzw. sie werden von unterschiedlichen Autoren unterschiedlich gefasst. Die Frage, ob Motive Ergebnisse von Bedürfnissen sind oder umgekehrt Bedürfnisse aus Motiven resultieren, oder ob Motive und

Grundbedürfnisse

Bedürfnisse letztlich dasselbe meinen, mag am Ende eine Frage der Begriffsdefinition sein, so dass wir sie hier nicht weiterverfolgen werden. Immerhin können wir an dieser Stelle festhalten, dass heute in der Motivationspsychologie vor allem drei implizite Motive („*big three*") untersucht werden, nämlich Leistung, Macht und Anschluss bzw. Bindung. Dabei lassen sich sowohl die Liste Murrays als auch Maslows Bedürfnishierarchie und in gewisser Weise auch Grawes vier Grundbedürfnisse mehr oder weniger unter diese Motive subsumieren. Schauen wir uns daher die drei Motive etwas näher an.

10.2.1 Das Leistungsmotiv

Was ist Leistung?

Das Leistungsmotiv gehört zu den am häufigsten untersuchten Determinanten menschlichen Handelns. Es beschreibt generell das Bedürfnis, seine Leistung an eindeutigen und nachvollziehbaren Standards zu messen und zu verbessern. Personen mit einer hohen Leistungsmotivation geht es dabei weniger um soziales Ansehen oder Belohnung als vielmehr um die Leistung und Verbesserung an und für sich. Wesentlich ist dabei, dass sich die Person als verantwortlich für die Handlungsergebnisse ansieht. Wie wir bereits bei der Darstellung des Risiko-Wahl-Modells von Atkinson gesehen haben, hat das Leistungsmotiv zwei Seiten, zum einen die Hoffnung auf Erfolg, zum anderen die Furcht vor Misserfolg. Für das Leistungsmotiv lassen sich zahlreiche empirische Befunde angeben. Leistungsmotivation ist beispielsweise für den akademischen Erfolg ein sehr bedeutsamer Faktor (Pintrich und Schunk 1996). Aber auch in wirtschaftlichen Kontexten erweist sich die Leistungsmotivation als sehr bedeutsam. So berichten Chusmir und Azevedo (1992) einen positiven Zusammenhang zwischen der Leistungsmotivation der Geschäftsführer und der Umsatzsteigerung bei den 50 größten US-amerikanischen Industrieunternehmen. McClelland und Franz (1992) können anhand des Leistungsmotives die Höhe des Einkommens vorhersagen. Collins et al. (2004) fanden in einer Meta-Analyse Zusammenhänge zwischen Leistungsmotivation und einer unternehmerischen Karriere bzw. dem unternehmerischen Erfolg. Und McClelland (1987) fasst Belege dafür zusammen, dass sich die Leistungsmotivation auch auf der Makroebene von Gesellschaften in wirtschaftlichen Parametern (Wachstum, Energieverbrauch) nachweisen lässt. Das ist insofern wenig überraschend, als das Leistungsmotiv auch durch Lernerfahrungen geformt und daher durch kulturelle Dimensionen beeinflusst wird. Maehr (1977) weist in diesem Zusammenhang darauf hin, dass wir womöglich einem ethno-zentristischen Fehler erliegen, wenn wir die Leistungsmotivation

10

über verschiedene Kulturen hinweg als Prädiktor für Leistung untersuchen. Wir alle zeigen seiner Ansicht nach leistungsmotiviertes Verhalten und unterscheiden uns lediglich darin, wann und wo wir uns so verhalten und mit welchem Ziel. Anders ausgedrückt, was für uns ein Beleg von herausragender Leistung ist, das mag in einer anderen Kultur Zeichen von Rücksichtslosigkeit sein. Verschiedene Kulturen haben eben auch unterschiedliche Wertvorstellungen. Ist es in einem individualistisch geprägten Land vielleicht Ausdruck von Leistungsvermögen, seine beruflichen Ziele zu erreichen und sich selbst zu verwirklichen, kann in einem anderen, kollektivistisch geprägten Land die Anzahl oder Qualität von Sozialkontakten oder die Fürsorge als Ausdruck besonderer Leistung gelten (siehe dazu auch z. B. Hofstede 1983).

10.2.2 Das Machtmotiv

Macht können wir als Streben definieren, auf andere Einfluss auszuüben, sie in gewünschter Art und Weise zu beeinflussen. Prestigestreben und Status sind Merkmale machtorientierten Verhaltens, wobei sich das Machtmotiv nicht nur auf die eigene Person beziehen muss. McClelland (1970) differenziert zwischen personaler Macht und sozialer Macht. Personale Macht beschreibt dabei ein Verhalten, mit dem man seine eigenen Interessen auch gegenüber Widerständen anderer durchzusetzen versucht. Es geht um Überlegenheit und ein Gefühl der Stärke. Das Motiv nach sozialer Macht zeigt sich dagegen z. B. in der Übernahme von Verantwortung, mit dem Ziel, die Gemeinschaft zu stärken. Unabhängig von dieser Differenzierung ist Macht ein wichtiger Faktor im sozialen Miteinander. Macht ordnet die soziale Welt und beeinflusst unsere Interaktionen. Zahlreiche empirische Befunde belegen die große Bedeutung des Machtstrebens. So finden sich Belege dafür, dass machtmotivierte Männer zur Senkung ihres notorisch hohen Stresslevels zu übermäßigem Alkoholkonsum neigen (McClelland et al. 1972), was sich dann häufig kontraproduktiv auswirkt (und dann zu noch mehr Stress führen kann). Das Machtmotiv ist zudem v. a. bei Männern mit physischer oder verbaler Aggression ausgeprägt (McClelland 1975; Winter 1973). Es werden gesundheitliche Risiken von hoher Machtmotivation berichtet (Jemmott 1987). Und auch das Sexualverhalten wird durch das Machtmotiv beeinflusst. Zurbriggen (2000) berichtet etwa, dass eine hohe Machtmotivation mit (selbstberichtetem) aggressivem Sexualverhalten einhergehen kann, insbesondere, wenn Macht und Sexualität kognitiv verbunden sind. Auch im Zusammenhang organisationaler Prozesse wurde das Machtmotiv häufig untersucht (ein Überblick findet sich z. B. bei House und Singh

Personale und soziale Macht

1987). Chusmir und Azevedo (1992) fanden z. B. einen positiven Zusammenhang zwischen der Machtmotivation von Geschäftsführern und dem erzielten Unternehmensprofit. Aber nicht nur die Befriedigung des Machtmotivs hat Konsequenzen, auch die chronische Hemmung hat Folgen, z. B. einen zu hohen Blutdruck (McClelland 1979). Schließlich lassen sich auch für das Machtmotiv kulturelle Unterschiede ausmachen. So kommen Torelli und Shavitt (2010) zu dem Ergebnis, dass in individualistischen Kulturen hinsichtlich Macht in erster Linie die personale Dimension betrachtet wird (z. B. Prestige und Status), in kollektivistischen Kulturen dagegen die soziale Dimension überwiegt (z. B. um anderen zu helfen). Und in maskulinen Kulturen sind beispielsweise materieller Gewinn oder Durchsetzungsvermögen Zeichen von Macht (z. B. Hofstede 1983).

10.2.3 Das soziale Motiv

Anschluss- und Intimitätsmotiv

Das soziale Motiv deckt unsere sozialen Bedürfnisse ab. Wir sind darauf angewiesen, mit anderen Menschen in positiven Kontakt zu kommen, diesen aufrechtzuerhalten und auch zu intensivieren. Es lassen sich zwei Formen des sozialen Motivs unterscheiden. Das *Anschlussmotiv* drückt unser Bedürfnis aus, mit anderen, auch fremden Personen in Kontakt und Austausch zu treten. Das *Intimitätsmotiv* (z. B. McAdams 1992) dagegen bezieht sich eher auf die Vertiefung freundschaftlicher Beziehungen bis hin zur Liebe. Für das soziale Motiv lassen sich viele empirische Korrelate anführen. Beispielsweise findet sich ein positiver Zusammenhang mit gesundheitlichen Aspekten (Jemmott 1987). Personen mit ausgeprägtem Intimitätsmotiv zeigen in sozialen Situationen mehr entsprechende Interaktionen, sie zeigen mehr Blickkontakt, lächeln ihr Gegenüber häufiger an und zeigen mehr Emotionen (z. B. McAdams und Constantian 1983; zum Überblick siehe Koestner und McClelland 1992). Auch zeigt sich ein Zusammenhang zwischen dem Intimitätsmotiv und verschiedenem Maß subjektiven Wohlbefindens (McAdams und Bryant 1987). Allerdings sind Personen mit Anschlussmotiv ängstlicher (z. B. Byrne 1961), was unter anderem daran liegen mag, dass gerade hoch anschlussmotivierte Personen Angst vor sozialer Zurückweisung und Ausschluss haben (siehe auch Baumeister und Tice 1990). Für das soziale Motiv finden sich im Vergleich zu den beiden anderen Motiven, also Macht und Leistung, immer wieder auch Geschlechtsunterschiede (z. B. Duncan und Peterson 2010; Schultheiss und Brunstein 2001). Für Frauen finden sich dabei häufig höhere Werte beim Anschlussmotiv (Drescher und Schultheiss 2016) und beim Intimitätsmotiv (McAdams et al. 1988). Es wäre jedoch voreilig aus solchen Befunden den Schluss zu ziehen, dass sich Männer und Frauen nur aufgrund biologischer Unterschiede oder von Geburt an in ihrer Motivstruktur unterscheiden würden. Auch Effekte einer unterschiedlichen Sozialisation mögen darauf Einfluss nehmen bzw. vorhandene Unterschiede noch verstärken. Wie bedeutsam Sozialisationsfaktoren sein können lässt sich nicht zuletzt daran ablesen, dass das soziale Motiv, und hier insbesondere das Anschlussmotiv, in kollektivistischen Kulturen stärker ausgeprägt zu sein scheint (Yamaguchi et al. 1995; Triandis 2001).

Blick in die Praxis: *Leadership Motive Syndrom*. Ein Artefakt männlicher Führungskräfte?

Lässt sich anhand von Motivstrukturen von Führungskräften der unternehmerische Erfolg vorhersagen? Die Forschung zeigt, dass hohe soziale Machtausprägung bei gleichzeitiger Aktivitätshemmung, mittlerer Leistungsmotivation und gering ausgeprägter Anschlussmotivation vorteilhaft sind, eine Merkmalskombination, die auch als Leadership Motive Syndrom (LMS) bekannt ist (siehe dazu z. B. McClelland 1975; McClelland und Boyatzis 1982). Vor diesem Hintergrund haben sich zahlreiche Studien mit dem Thema Führung und Motivstrukturen beschäftigt (siehe dazu z. B. Grant 2007), bei denen sich nicht nur für das Machtmotiv Zusammenhänge für unternehmerischen Erfolg zeigten, sondern sich auch negative Zusammenhänge zwischen dem Anschlussmotiv und der damit einhergehenden Furcht vor Zurückweisung und ineffizientem Führungsverhalten (z. B. Furtner 2012) beobachten ließen. Interessant sind diese Befunde nicht nur aus Sicht einer möglichst effizienten Unternehmensführung, sondern auch unter der Perspektive einer ethischen Führung (Brown und Treviño 2006). Insbesondere taucht die Frage auf, inwieweit eine hohe Anschlussmotivation und damit einhergehend eine ausgeprägte Empathie zu einem anderen Führungsverhalten führen und als wie erfolgreich sich dies dann herausstellt. Die Befundlage dazu ist nicht eindeutig (z. B. Bell uns Hall 1954; Kunze et al. 2014), was aber auch daran liegen mag, dass unterschiedliche Kriterien für erfolgreiche Führung angesetzt wurden. Empathie bei Führungskräften wird, obwohl sie nützlich sein könnte, nicht unbedingt erwartet und eher als Zeichen der Schwäche, wenig rational (Holt und Marques 2012) oder gar als unter Umständen hinderlich angesehen (König et al. 2018). Die Frage ist auch deshalb von Bedeutung, weil die überwiegende Mehrheit der Führungskräfte männlich ist. Haben sich Männer gegenüber Frauen durchgesetzt, weil letztere die Konfrontation aufgrund ihres höher ausgeprägten Anschlussmotivs scheuen (Rybnikova 2014)? Welche Auswirkungen hat das auf die Unternehmenskultur? Und was wird sich womöglich verändern, wenn mehr Frauen in Führungspositionen kommen?

10.3 Wie werden Motive gemessen?

Personality Research Form vs. Thematischer Apperzeptionstest

10

Zur Erfassung expliziter und impliziter Motive werden unterschiedliche Methoden genutzt (einen kurzen Überblick dazu geben Schmalt und Sokolowski 2000). Explizite Motive werden in Form von Selbstauskünften (Fragebogen) erfasst. Dazu können verschiedene etablierte Skalen eingesetzt werden, z. B. die *Personality Research Form* von Jackson (1967; deutsche Version von Stumpf et al. 1985). Die Skala gibt für die drei Motivklassen (Macht, Leistung, Anschluss) Aussagen vor, deren Zutreffen für die eigene Person beurteilt werden muss (z. B. für das Machtmotiv: „Ich strebe nach Positionen, in denen ich Autorität habe." Für Affiliation: „Ich versuche, so oft wie möglich in der Gesellschaft von Freunden zu sein." Für Leistung: „Ich arbeite an Problemen weiter, bei denen andere schon aufgegeben haben"). Implizite Motive werden indirekt erfasst. Sie basieren auf der oben beschriebenen Grundannahme, dass implizite Motive eine situationsübergreifende Präferenz darstellen, auf Reize in einer bestimmten Art und Weise zu reagieren. Personen mit unterschiedlichen Motivationsstrukturen sollten demnach gleiche Reize unterschiedlich wahrnehmen. Der *Thematische Apperzeptionstest* (TAT) von Morgan und Murray (1935) bzw. die *Picture Story Exercise* (Koestner und McClelland 1992) nutzen das aus. Den Versuchspersonen werden mehrdeutige Bildvorlagen mit der Instruktion, eine Geschichte dazu zu erzählen, vorgegeben. Anhand der Antworten lässt sich nun ableiten, welche Motive jeweils dominieren. Das *Multi-Motiv-Gitter* (Sokolowski et al. 2000) vereint Verfahren zur Messung impliziter und expliziter Motive, indem die Probanden jeweils angeben müssen, ob bestimmte auf Bilder bezogene Aussagen zutreffen oder nicht.

Blick in die Praxis: Motivmessung in der Marktforschung

Gerade in der Marktforschung wird viel zum Thema Motive und Motivation geforscht. Dabei geht es beispielsweise um Fragen nach Kauf- und Entscheidungsmotiven. Man will Einflüsse sichtbar machen, die den Entscheidern oder Konsumenten selbst gar nicht bewusst sind. Es geht also häufig um implizite Motive. Fokusgruppen, bei denen ein Moderator mehrere Teilnehmer dazu animiert, über ein Thema zu sprechen und sich dabei gegenseitig anzuregen, haben sich in der Praxis dabei ebenso bewährt wie das sogenannte Tiefeninterview. Hierbei handelt es sich um ein Einzelinterview, das durchaus zwei Stunden in Anspruch nehmen kann und bei dem es darum geht, nicht nur spontane Antworten und Reaktionen zu erhalten, sondern durch gezieltes Nachfragen auch an zunächst schwer zugängliche Gedächtnisinhalte zu gelangen (Salcher 2011).

❓ Prüfungsfragen

1. Was ist der Unterschied zwischen impliziten und expliziten Motiven?
2. Wie lassen sich implizite und explizite Motive messen?
3. Was bedeutet es, dass implizite und explizite Motive kongruent bzw. inkongruent sind? Welche Konsequenzen hat dies auf die Zielverfolgung und das Wohlbefinden?
4. Beschreiben Sie die Bedürfnishierarchie nach Maslow und geben Sie ein anwendungspraktisches Beispiel dafür.
5. Welche psychologischen Grundbedürfnisse lassen sich nach Grawe unterscheiden?
6. Welche Differenzierung findet sich in der Selbstbestimmungstheorie? Wie lässt sich dies in der Anwendungspraxis nutzen?
7. Beschreiben Sie die drei Motivklassen Leistung, Macht und soziales Motiv.
8. Was versteht man unter dem Leadership Motive Syndrom?

Zusammenfassung

— Implizite Motive sind dispositional verankerte, emotional eingefärbte Präferenzen, situationsübergreifend auf bestimmte Reize in
bestimmter Art und Weise zu reagieren.
— Explizite Motive sind sprachlich ausdrückbare Ziele und Werte
einer Person.
— Die Selbstbestimmungstheorie unterscheidet fünf Motivationslagen, nämlich externale Regulation, introjizierte Regulation,
identifizierte Regulation, integrierte Regulation und intrinsische
Regulation.
— Implizite und explizite Motive können kongruent oder inkongruent sein.
— Die Bedürfnishierarchie von Maslow unterscheidet fünf aufeinan-
der aufbauende Grundbedürfnisse.
— Grawe nennt vier psychologische Grundbedürfnisse, nämlich das
nach Orientierung und Kontrolle, das nach Lustgewinn bzw.
Unlustvermeidung, das Bedürfnis nach Bindung und das Bedürfnis
nach Selbstwerterhöhung.
— Die moderne Motivationspsychologie unterscheidet drei implizite
Motivklassen (*„big three"*), nämlich Leistung, Macht und ein
soziales Motiv.
— Das Leistungsmotiv beschreibt generell das Bedürfnis, seine
Leistung an eindeutigen und nachvollziehbaren Standards zu
messen und zu verbessern.
— Das Machtmotiv beschreibt das Streben, auf andere Einfluss
auszuüben und sie in gewünschter Art und Weise zu beeinflussen.
— Beim Machtmotiv kann zwischen einem personalen und einem
sozialen Motiv unterschieden werden.
— Das soziale Motiv beschreibt unsere sozialen Bedürfnisse, die darin
bestehen, Kontakt mit anderen zu suchen bzw. zu vertiefen.
— Beim sozialen Motiv wird zwischen dem Anschlussmotiv und dem
Intimitätsmotiv unterschieden.
— Das Leadership Motive Syndrom beschreibt die Merkmalskombi-
nation aus hohem Macht- und Leistungsmotiv und geringem
sozialen Motiv.
— Für implizite und explizite Motive gibt es eigene Methoden zur
Messung.

Schlüsselbegriffe

Anschlussmotiv, Bedürfnispyramide, explizite Motive, externale
Regulation, identifizierte Regulation, implizite Motive, Intimitätsmotiv, integrierte Regulation, intrinsische Regulation, introjizierte

Regulation, Leadership Motive Syndrom, Leistungsmotiv, Machtmotiv, Motiv, Motivklassen, soziales Motiv, TAT

Literatur

Baumann, N., Kaschel, R., & Kuhl, J. (2005). Striving for unwanted goals: Stress-
dependent discrepancies between explicit and implicit achievement motives reduce subjective well-being and increase psychosomatic symptoms. *Journal of Personality and Social Psychology, 89*(5), 781–799.

Baumeister, R. F., & Tice, D. M. (1990). Point-counterpoints: Anxiety and social
exclusion. *Journal of Social and Clinical Psychology, 9*(2), 165–195.

Bell, G. B., & Hall, H. E., Jr. (1954). The relationship between leadership and
empathy. *The Journal of Abnormal and Social Psychology, 49*(1), 156–157.

Brown, M. E., & Treviño, L. K. (2006). Ethical leadership: A review and future
directions. *The Leadership Quarterly, 17*(6), 595–616.

Brunstein, J. (2018). Implizite und explizite Motive. In J. Heckhausen & H. Heckhausen (Hrsg.), *Motivation und Handeln* (5. Aufl., S. 269–296). Berlin:
Springer.

Byrne, D. (1961). Anxiety and the experimental arousal of affiliation need. *The
Journal of Abnormal and Social Psychology, 63*(3), 660–662.

Chusmir, L. H., & Azevedo, A. (1992). Motivation needs of sampled fortune-500
Ceos: Relations to organization outcomes. *Perceptual and Motor Skills,
75*(2), 595–612.

Collins, C. J., Hanges, P. J., & Locke, E. A. (2004). The relationship of achievement motivation to entrepreneurial behavior: A meta-analysis. *Human
Performance, 17*(1), 95–117.

Drescher, A., & Schultheiss, O. C. (2016). Meta-analytic evidence for higher implicit affiliation and intimacy motivation scores in women, compared to
men. *Journal of Research in Personality, 64*(0), 1–10.

Duncan, L. E., & Peterson, B. E. (2010). Gender and motivation for achievement, affiliation-intimacy, and power. In *Handbook of gender research in
psychology* (S. 41–62). New York: Springer.

Furtner, M. (2012). Wie beeinflussen Motive das Führungsverhalten? *Journal
Psychologie des Alltagshandelns, 5*(2), 52.

Grant, S. L. (2007). Motives and traits as a driver of adaptive and maladaptive
managerial styles. In J. Langan-Fox, C. L. Cooper, & R. Klimoski (Hrsg.), *Research companion to the dysfunctional workplace: Management challenges
and symptoms* (S. 356–379). Northampton: Edward Elgar.

Grawe, K. (1998). *Psychologische Psychotherapie*. Göttingen: Hogrefe.

Grawe, K. (2004). *Neuropsychotherapie*. Göttingen: Hogrefe.

Heckhausen, J., & Heckhausen, H. (2018). *Motivation und Handeln* (5. Aufl.).
Berlin: Springer.

Hofstede, G. (1983). The cultural relativity of organizational practices and
theories. *Journal of International Business Studies, 14*(2), 75–89.

Holt, S., & Marques, J. (2012). Empathy in leadership: Appropriate or mispla-
ced? An Empirical Study on a topic that is asking for attention. *Journal of
Business Ethics, 105*(1), 95–105.

House, R. J., & Singh, J. V. (1987). Organizational behavior: Some new directions
for I/O psychology. *Annual Review of Psychology, 38*(1), 669–718.

Jackson, D. N. (1967). *Personality research form manual*. Goshen: Research Psychologists Press.

Jemmott, J. B. (1987). Social motives and susceptibility to disease: Stalking individual differences in health risks. *Journal of Personality, 55*(2), 267–298.

Koestner, R., & McClelland, D. C. (1992). The affiliation motive. In C. P. Smith,
J. W. Atkinson, D. C. McClelland, & J. Veroff (Hrsg.), *Motivation and perso-*

nality: *Handbook of thematic content analysis* (S. 205–210). New York: Cambridge University Press.

König, A., Graf-Vlachy, L., Bundy, J., & Little, L. M. (2018). A blessing and a curse: How CEOs' trait empathy affects their management of organizational crises. *Academy of Management Review*. Advance Online Publication.

Kunze, F., Jong, D., & Barend, S. (2014). Transformationale Führung: Empathie kann Gruppenleistung gefährden. *Personal quarterly, 66*(2), 34–39.

Maehr, M. L. (1977). Sociocultural origins of achievement motivation. *International Journal of Intercultural Relations, 1*(4), 81–104.

Maslow, A. (1954). *Motivation and personality*. New York: Harper & Row.

McAdams, D. P. (1992). The intimacy motive. In C. P. Smith, J. W. Atkinson, D. C. McClelland, & J. Veroff (Hrsg.), *Motivation and personality: Handbook of thematic content analysis* (S. 224–228). New York: Cambridge University Press.

McAdams, D. P., & Bryant, F. B. (1987). Intimacy motivation and subjective mental health in a nationwide Sample. *Journal of Personality, 55*(3), 395–413.

McAdams, D. P., & Constantian, C. A. (1983). Intimacy and affiliation motives in daily living: An experience sampling analysis. *Journal of Personality and Social Psychology, 45*(4), 851–861.

McAdams, D. P., Lester, R. M., Brand, P. A., McNamara, W. J., & Lensky, D. B. (1988). Sex and the TAT: Are women more intimate than men? Do men fear intimacy? *Journal of Personality Assessment, 52*(3), 397–409.

McClelland, D. C. (1970). The two faces of power. *Journal of International Affairs, 24*(1), 29–47.

McClelland, D. C. (1975). *Power: The inner experience*. New York: Irvington.

McClelland, D. C. (1979). Inhibited power motivation and high blood pressure in men. *Journal of Abnormal Psychology, 88*(2), 182–190.

McClelland, D. C. (1987). *Human motivation*. Cambridge, MA: Cambridge University Press.

McClelland, D. C., & Boyatzis, R. E. (1982). Leadership motive pattern and long-term success in management. *Journal of Applied Psychology, 67*(6), 737–743.

McClelland, D. C., & Franz, C. E. (1992). Motivational and other sources of work accomplishments in mid-life: A longitudinal study. *Journal of Personality, 60*(4), 679–707.

McClelland, D. C., Davis, W. N., Kalin, R., & Wanner, E. (1972). *The drinking man: Alcohol and human motivation*. New York: Free Press.

McClelland, D. C., Koestner, R., & Weinberger, J. (1989). How do self-attributed and implicit motives differ? *Psychological Review, 96*(4), 690–702.

Morgan, C. D., & Murray, H. A. (1935). A method for investigating fantasies: The thematic apperception test. *Archives of Neurology and Psychiatry, 34*(2), 289–306.

Murray, H. A. (1938). *Explorations in personality*. Oxford University Press, Oxford.

Pintrich, P. R., & Schunk, D. H. (1996). *Motivation in education: Theory, research, and applications*. Upper Saddle River: Prentice Hall.

Ryan, R. M., & Deci, E. L. (2000). Intrinsic and extrinsic motivations: Classic definitions and new directions. *Contemporary Educational Psychology, 25*(1), 54–67.

Rybnikova, I. (2014). Führung und Frauen. In R. Lang & I. Rybnikova (Hrsg.), *Aktuelle Führungstheorien und -konzepte* (S. 387–418). Wiesbaden: Springer Gabler.

Salcher, E. F. (2011). *Psychologische Marktforschung* (2. Aufl.). Berlin: Walter de Gruyter.

10

Literatur

141   **10**

Schmalt, H. D., & Sokolowski, K. (2000). Zum gegenwärtigen Stand der Motiv-diagnostik. *Diagnostica, 46*(3), 115–123.

Schultheiss, O. C., & Brunstein, J. C. (2001). Assessment of implicit motives with a research version of the TAT: Picture profiles, gender differences, and relations to other personality measures. *Journal of Personality Assessment, 77*(1), 71–86.

Sokolowski, K., Schmalt, H.-D., Langens, T. A., & Puca, R. M. (2000). Assessing achievement, affiliation, and power motives all at once: The multi-motive grid (MMG). *Journal of Personality Assessment, 74*(1), 126–145.

Stumpf, H., Angleitner, A., Wieck, T., Jackson, D. N., & Beloch-Till, H. (1985). *Deutsche Personality Research Form (PRF): Handanweisung*. Göttingen: Hogrefe.

Torelli, C. J., & Shavitt, S. (2010). Culture and concepts of power. *Journal of Personality and Social Psychology, 99*(4), 703–723.

Triandis, H. C. (2001). Individualism-collectivism and personality. *Journal of Personality, 69*(6), 907–924.

Winter, D. G. (1973). *The power motive*. New York: Free Press.

Yamaguchi, S., Kuhlman, D. M., & Sugimori, S. (1995). Personality correlates of allocentric tendencies in individualist and collectivist cultures. *Journal of Cross-Cultural Psychology, 26*(6), 658–672.

Zurbriggen, E. L. (2000). Social motives and cognitive power-sex associations: Predictors of aggressive sexual behavior. *Journal of Personality and Social Psychology, 78*(3), 559–581.

Emotionen

Inhaltsverzeichnis

Was sind Emotionen?

© Springer-Verlag GmbH Deutschland, ein Teil von Springer Nature 2019
P. M. Bak, *Lernen, Motivation und Emotion*, Angewandte Psychologie Kompakt,
https://doi.org/10.1007/978-3-662-59691-3_11

Lernziele

= Angeben können was Emotionen sind und diese gegen andere, verwandte Konzepte abgrenzen können
= Den Unterschied zwischen diskreten und dimensionalen Emotionsmodellen erläutern können
= Emotionskomponenten kennen und erläutern können
= Wissen, wie wir Emotionen regulieren können und wie sie sich über das Leben hinweg entwickeln

Einführung

Haben Sie sich heute schon geärgert? Oder vielleicht schon über etwas gefreut? Waren Sie stolz auf etwas oder haben Sie sich geekelt? Dann haben Sie offensichtlich eine Emotion erlebt! Ärger, Ekel, Freude, Stolz, Wut, Überraschung, Enttäuschung, unser emotionales Repertoire ist vielfältig. Emotionen können unangenehm sein, manchmal erleben wir sie sogar als störend. In anderen Situationen können wir nicht genug davon bekommen. Mehr noch, wir versuchen alles, um bestimmte Emotionen noch einmal zu erleben. Emotionen sind, so könnte man etwas flapsig sagen, tatsächlich „das Salz in der Suppe" unseres Erlebens.

11

So schnell wir erkennen können, wann wir oder jemand anderes emotional sind, so schwierig ist es anzugeben, was Emotionen eigentlich sind. Das gilt für den Laien ebenso wie für die Wissenschaft, in der es keine übereinstimmende Begriffsdefinition gibt (Scherer 2005).

Emotionen als affektive Gefühle

Fangen wir zunächst damit an, uns klar darüber zu werden, was wir eigentlich unter Emotionen verstehen. Die erste Antwort, die viele geben werden, ist, dass Emotionen Gefühle sind. Das ist richtig und falsch. Emotionen sind Gefühle, aber ganz besondere Gefühle, nämlich Gefühle mit einer affektiven Komponente. Damit ist gemeint, dass Emotionen mit einer Bewertung einhergehen, dass es Gefühle gibt, die sich positiv anfühlen und solche, die sich negativ anfühlen. Damit unterscheiden wir Emotionen von nicht affektiven Gefühlen, z. B. dem Pflichtgefühl, Verantwortungsgefühl oder dem Ballgefühl. Emotionen sind darüber hinaus situative Erlebnisse und können gegen dispositionale Eigenschaften und Fähigkeiten abgegrenzt werden (Mees 2006; Ekkekakis 2013). Stimmungen sind im Gegensatz zu Emotionen länger anhaltende, relativ unspezifische, als angenehm oder unangenehm

□ **Abb. 11.1**   Differenzierung Gefühle. (Nach Mees 2006)

erlebte Empfindungen. Emotionen sind dagegen kurze, spezifische, valente Reaktionsmuster auf ein konkretes Objekt oder Ereignis (zur Einordnung siehe □ Abb. 11.1). Damit haben wir die wesentlichen Merkmale von Emotionen beisammen, wonach sich Emotionen als kurzfristige, unwillkürliche, situative und objektgerichtete affektive Reaktion definieren lassen, die unser Erleben und Verhalten beeinflussen (siehe auch Russell und Barrett 1999). Unwillkürlich meint, dass wir Emotionen nicht durch Entschluss erleben, sondern dass sie uns widerfahren – eine Ansicht, die allerdings nicht von allen geteilt wird. Montada (1989) stellt etwa die Gegenthese auf, dass wir uns für unsere Gefühle entscheiden, und verweist dabei beispielhaft auf unsere Bewältigungsstrategien nach kritischen Lebensereignissen. Objektgerichtetheit meint schließlich, dass Emotionen stets auf ein Objekt bezogen sind: Wir sind stolz auf etwas, ärgern oder freuen uns über etwas. Spezifisch ist die Reaktion insofern als unterschiedliche Emotionen auch mit unterschiedlichen Erlebens- und Verhaltensweisen assoziiert sind. Schließlich deutet der Begriff Reaktionsmuster an, dass wir es bei Emotionen mit einem Reaktionskomplex zu tun haben.

11.1 Klassifikation von Emotionen

Betrachtet man die Anzahl an Wörtern, die wir verwenden, um Emotionen zu bezeichnen, dann scheint es eine riesige Anzahl unterscheidbarer emotionaler Zustände zu geben, wobei uns in vielen Fällen die Unterschiede in den Begriffen gar nicht so klar sind. Was unterscheidet beispielsweise Ärger, Wut und Zorn? Was Freude, Glück und Fröhlichkeit? In der Wissenschaft ist man seit jeher auf der Suche nach einer vereinfachenden Darstellung.

Dabei lassen sich grundlegend diskrete und dimensionale Emotionsmodelle unterscheiden, wobei der Unterschied darin liegt, wie viele emotionale Zustände als unterscheidbare Emotionen angesehen werden.

11.1.1 Diskrete Emotionsmodelle

Paul Ekman (z. B. 1992) hat mit seinen Studien Argumente dafür gefunden, dass wir über ein begrenztes Repertoire an sogenannten Basisemotionen (primäre Emotionen) verfügen, die große Bedeutung für die Bewältigung fundamentaler Aufgaben (*fundamental life-tasks*) besitzen (◘ Abb. 11.2). Diese grundlegenden Emotionen sind keinesfalls als einzelne affektive Zustände zu betrachten. Vielmehr handelt es sich um „Emotionsfamilien", wobei die „Familienmitglieder" dann eine große Anzahl an Gemeinsamkeiten aufweisen. So gehören beispielsweise zur „Ärger-Familie" mehr als 60 unterscheidbare (mimische) Ärger-Ausdrücke. Es gibt also zu jedem Emotionsthema verschiedene Varianten. Unklarheit herrscht allerdings in der Frage, wie viele Basisemotionen sich unterscheiden lassen. Die Angaben dazu variieren beträchtlich, manche Autoren nennen lediglich drei, andere dagegen 18 (Ortony und Turner 1990). Bei Ekman und Friesen (1971) werden Ärger, Furcht, Freude, Überraschung, Traurigkeit und Ekel genannt.

Nach Ekman (1992) lassen sich neun Kriterien nennen, an denen man Basisemotionen erkennen kann. Es handelt sich um (1) unterscheidbare, universelle Signale, die auch bei (2) anderen Primaten auftreten, (3) unterscheidbare physiologische Veränderungen hervorrufen, bei (4) allen Menschen unter den gleichen Umständen auftreten, ein (5) kohärentes Reaktionsmuster hervorrufen, (6) schnell beginnen, nur (7) kurz dauern, (8) mit automatischen Bewertungsprozessen einhergehen und (9) unwillkürlichen Charakter aufweisen. Andere emotionale Zustände werden entweder als Teilmenge der Basisemotionen angesehen oder mit anderen Begriffen bezeichnet, etwa emotionaler Einstellung, Traits oder Stimmungen (Ekman 1992). Plutchik (1984) dagegen erklärt die Vielfalt emotionaler Reaktionen durch die Einführung sekundärer Emotionen, bei denen es sich um Mischungen aus primären Emotionen handelt (vgl. dazu ▶ Abschn. 12.1).

11   Basisemotionen

◘ **Abb. 11.2**   Basisemotionen: Ärger, Furcht, Freude, Überraschung, Traurigkeit und Ekel. (© Claudia Styrsky)

11.1.2 Dimensionale Emotionsmodelle

Dimensionale Emotionsmodelle gehen im Gegensatz zu den diskreten Modellen nicht von einer begrenzten Zahl von Basisemotionen aus, sondern sehen Emotionen als Ergebnis differenzierter, kontinuierlich fassbarer Gefühle und Zustände an. Ein bekannter Ansatz ist z. B. das Circumplexmodell von Russell (1980), das zwar immer noch von Basisemotionen ausgeht, allerdings eine größere emotionale Vielfalt modellhaft beschreibt. Es wird davon ausgegangen, dass sich unterschiedliche emotionale Zustände anhand der Dimensionen *Erregung* und *Valenz* einordnen lassen. Emotionen lassen sich demnach erstens auf einem Kontinuum zwischen unangenehm und angenehm einordnen und zweitens auf einem Kontinuum zwischen erregt und ruhig. Traurigkeit wäre dann beispielsweise hoch unangenehm bei mittlerer Aktivation, Angst dagegen hoch unangenehm aber deutlich aktivierter, Freude ebenfalls hoch aktiv aber auch hoch angenehm. Andere emotionale Zustände lassen sich ebenfalls kreisförmig im zweidimensionalen Raum zwischen Erregung und Valenz einordnen (vgl. ◘ Abb. 11.3).

Ein noch weitergehendes Modell differenzierbarer Emotionen kommt von Scherer (z. B. 2001, 2009; vgl. ▶ Abschn. 12.3). Danach gibt es praktisch keine Begrenzung emotionaler Zustände. Emotionen sind das Ergebnis von Bewertungsprozessen und somit führt jede Bewertung auch zu einer anderen Emotion, theoretisch zu-

Circumplexmodell

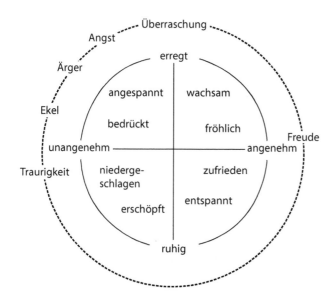

◘ **Abb. 11.3** Circumplexmodell von Russell (1980)

mindest. Praktisch bezeichnen wir allerdings ähnliche emotionale Reaktionsweisen mit denselben dafür vorgesehenen Begriffen. Diskrete Emotionen sind nach diesem Modell keine biologische Notwendigkeit, sondern Ergebnis sprachlicher Ausdrucksmöglichkeiten und kulturell geprägter Ausdrucksformen (Scherer 2009).

11.2 Emotionskomponenten

Die Frage, ob wir nun über eine begrenzte Anzahl an Emotionen verfügen oder ob sich die emotionale Vielfalt besser in einem mehrdimensionalen Raum abbilden lässt, hat Bedeutung für unsere Vorstellung darüber, was Emotionen letztlich sind, wie sie entstehen und welche Funktionen damit verbunden sind. Dazu gibt es, wie eben gesehen, unterschiedliche und gut begründete Ansätze. Die Beantwortung dieser Frage muss demnach erst einmal aufgeschoben werden. Für die Betrachtung des subjektiven Emotionserlebens spielt die Antwort aber auch keine so große Rolle. Zumindest sprachlich lassen sich verschiedene emotionale Erlebnisse gut voneinander abgrenzen. Auch hat sich unabhängig von der Frage nach der Emotionsgenese die Beschreibung von Emotionen anhand von fünf Komponenten, nämlich Erleben, Ausdruck, Kognitionen, Physiologie und Motivation durchgesetzt (z. B. Scherer 2005). Betrachten wir diese Komponenten daher etwas genauer.

11.2.1 Erlebniskomponente

Emotionen fühlen sich unterschiedlich an

Verschiedene Emotionen gehen mit ganz spezifischen Erlebnisweisen einher. Trauer fühlt sich anders an als Freude, Ärger anders als Stolz, Wut anders als Ekel. Andere, subjektiv zugängliche emotionale Phänomene sind eine veränderte Motivation oder auch veränderte Kognitionen. So vermittelt uns Freude vielleicht das Gefühl, energiegeladen zu sein, während Traurigkeit uns als kraftlos erleben lässt. Inwieweit diese Aspekte selbst zu einem differenzierten emotionalen Erleben beitragen oder nur Begleiterscheinungen sind, darüber herrscht noch Uneinigkeit. Die Erlebniskomponente ist insofern von großer Bedeutung, weil sie oftmals den einzigen Zugang darstellt, Emotionen zu messen (Ekkekakis 2013). Zudem hängt das emotionale Erleben selbst, zumindest in manchen Fällen, von der eigenen Kategorisierung/sprachlichen Bezeichnung der Emotion ab (Schachter und Singer 1962).

11

11.2.2 Ausdruckskomponente

Emotionen sind nicht nur subjektive Erlebnismuster, sie beeinflussen auch unsere Köperkoordination, angefangen bei der Mimik, über unseren Stimmausdruck bis hin zur gesamten Körperhaltung. An anderen erkennen wir auf diese Weise, wie sie sich gerade fühlen. Das Ausdrucksverhalten hat somit stets eine kommunikative Ebene. Für bestimmte Emotionen ist das Ausdrucksverhalten bei allen Menschen nahezu identisch. Paul Ekman und Wallace Friesen (1971) haben das in kulturübergreifenden Studien für die Emotionen Freude, Ärger, Traurigkeit, Ekel, Überraschung und Furcht belegen können. Dies weist auf die biologischen Wurzeln der Emotionsentstehung hin. Um die unterschiedlichen Mimiken zu beschreiben, haben Ekman und Friesen (1978) das *Facial Action Coding System* (kurz: FACS) entwickelt. Dabei handelt es sich um ein ausgeklügeltes Beschreibungssystem, das beinahe alle sichtbaren Bewegungen der am emotionalen Ausdruck beteiligen Gesichtsmuskeln erfasst und durch sogenannte *Action Units* beschreibt, z. B. Heben der Augenbauen innen, Heben der Augenbauen außen, Zusammenziehen der Augenbrauen, Herabziehen der Mundwinkel, Öffnen der Lippen. Aus der Kombination verschiedener *Action Units* lassen sich dann Mimiken unterschiedlicher Emotionen beschreiben (und nachahmen). Am mimischen Ausdruck der Emotion Ekel sind beispielsweise die Action Units „Rümpfen der Nase", „Herabziehen der Mundwinkel" und „nach unten gezogene Unterlippe" beteiligt. Der mimische Ausdruck ist allerdings nicht nur Folge einer emotionalen Reaktion, sondern kann auch selbst als Information für die Selbstetikettierung von Emotionen herhalten. Das zeigen u. a. Experimente zur sogenannten *Facial-Feedback-Hypothese*. Danach wird nämlich unser emotionales Erleben über ein Wahrnehmungsfeedback hinsichtlich unserer Gesichtsmuskulatur beeinflusst, wenn nicht sogar bestimmt. Demnach müssten wir nur lächeln, um unsere Stimmung aufzuhellen. Umgekehrt würde uns ein trauriger Gesichtsausdruck tatsächlich traurig machen. Und in der Tat konnten Strack et al. (1988) belegen, dass über die entsprechende Veränderung des Gesichtsausdrucks Versuchspersonen ihre Urteile, z. B. über die Lustigkeit von Cartoons, in Mimik-kongruenter Art und Weise fällten. Personen, die auf einen Stift mit den vorderen Zähnen beißen sollten und daher jene Muskeln anspannten, die wir beim Lächeln anspannen, beurteilten die Vorlagen als lustiger als eine Kontrollgruppe. Andere Probanden, die den Stift mit gespitzten Lippen halten mussten und damit ungewollt eine traurige Mimik zeigten, beurteilten die Vorlagen als weniger lustig. Für die *Facial-Feedback-Hypothese* lassen sich zwar einige empirische (z. B. Bilewicz und Kogan 2014) wie

Facial Action Coding System

auch theoretisch fundierte Gründe anführen. Beispielhaft ist- etwa die Selbstwahrnehmungstheorie von Bem (1967), wonach man sich bei Unsicherheit über die eigenen Einstellungen oder Gefühle versucht klar zu werden, indem man sein eigenes, vergangenes Verhalten analysiert und so zu einem „empirischen Ergebnis" über sich selbst gelangt. Die Originalbefunde konnten allerdings in den nachfolgenden Jahren empirisch kaum bestätigt werden (Acosta et al. 2016).

11

> **Blick in die Praxis: Menschliche Lügendetektoren oder wie man an Mikroexpressionen Lügner erkennen kann**
>
>
>
> Nicht immer wollen wir unsere wahren Emotionen auch zeigen, dann versuchen wir unsere Mimik zu kontrollieren (siehe dazu auch ▶ Abschn. 11.3). Allerdings dauert es einen Augenblick, die unwillkürlichen Gesichtsmuskelbewegungen, die durch unsere erlebten Emotionen automatisch ausgelöst werden, kontrollieren zu können. In dieser kurzen Zeit zeigen wir mehr oder weniger unser wahres, den tatsächlich empfundenen Emotionen entsprechendes Gesicht. Anschließend, nachdem wir die bewusste Kontrolle über unsere Mimik erlangt haben, zeigen wir dagegen den Ausdruck, den wir anderen vermitteln möchten. Personen, die mit dem FACS geschult wurden, können solche Mikroexpressionen erkennen und beispielsweise dadurch auch Hinweise generieren, ob die betreffende Person gerade unter Stress steht, weil sie beispielsweise lügt. Aus diesem Grund wird das FACS auch von verschiedenen Polizeiorganisationen genutzt, um präventiv Verbrechen zu verhindern oder Täter zu überführen. Mittlerweile gibt es auch große Erfolge im automatisierten Aufspüren von Lügen etwa anhand von Videomaterial (Mihalcea et al. 2013)

11.2.3 Physiologische Komponenten

Kein eindeutiges physiologisches Muster

Es ist naheliegend anzunehmen, dass es für spezifische Emotionen auch spezifische physiologische Aktivitätsmuster gibt. Emotionen lösen bestimmte körperliche Prozesse aus, was sich dann auch messen lassen müsste. So schwitzen wir häufig bei Furcht, gleichzeitig muss unser Körper für entsprechende Verhaltensweisen (z. B. Flucht) vorbereitet werden, was sich u. a. im Herz-Kreislaufsystem bemerkbar machen sollte. Und in der Tat lassen sich zum Teil Emotionen anhand physiologischer Unterschiede differenzie-

■ **Abb. 11.4**   Physiologische Prozesse sind nicht immer eindeutig zur Emotionsbestimmung. (© Claudia Styrsky)

ren (Ekman et al. 1983; siehe auch Ekman 1999), allerdings nur grob und auch nicht wirklich zuverlässig (Cacioppo et al. 2000). Auch hirnphysiologische Prozesse und Funktionsbereiche, und hier insbesondere die Amygdala, scheinen zwar zentral für das Auslösen von (bestimmten) Emotionen zu sein, allerdings gehen mit physiologischen Veränderungen nicht notwendigerweise auch Veränderungen im subjektiven Erleben einher (z. B. Inman et al. 2018). Ohnehin scheint die subjektive Emotionsempfindung nicht zwingend an physiologische Prozesse gebunden zu sein. Das konnte beispielsweise Valins (1966) mit einem Experiment zeigen, bei dem er seinen Probanden u. a. eine falsche Rückmeldung über ihren Herzschlag gab, der akustisch wiedergegeben wurde (■ Abb. 11.4). In Abhängigkeit von dieser Rückmeldung veränderte sich das Attraktivitätsurteil für präsentierte Bildstimuli (Fotos von Frauen). Das bedeutet, dass die affektive Reaktion durch kognitive Prozesse (die Annahme eines veränderten Herzschlags) beeinflusst wurde, nicht durch physiologische (faktisch hatte sich der Herzschlag ja nicht verändert). Umgekehrt muss eine Veränderung physiologischer Prozesse (z. B. durch Betablocker) nicht notwendigerweise zu Veränderungen im emotionalen Erleben führen (Erdmann und Lindern 1980).

11.2.4 **Kognitive Komponente**

Bestimmte Emotionen gehen nicht nur mit bestimmten kognitiven Prozessen einher, auch umgekehrt bestimmen Kognitionen, welche Emotionen wir erleben. Emotionen verändern unsere Aufmerksamkeit ebenso wie die grundlegende Art und Weise, wie wir

Emotionen als Informationen

Entscheidungen treffen oder allgemein Informationen verarbeiten (Fiedler 1988; Clore et al. 1994; Schwarz 2000; de Houwer und Hermans 2010). So finden sich etwa Kongruenzeffekte, d. h. es werden solche Informationen bevorzugt verarbeitet, die zur Emotion passen. Auch findet man häufig, dass ein negativ gefärbter affektiver Zustand mit einer systematischen Informationsverarbeitung einhergeht, während positive Zustände eher zu einer heuristischen Informationsverarbeitung führen. Eine Erklärung dafür ist unter der Bezeichnung *„Emotion als Information"* bekannt und besagt, dass uns negativer Affekt die Bedrohung eines wichtigen Ziels anzeigt und sich damit die Notwendigkeit ergibt, die Umgebung systematisch nach Hindernissen bzw. Chancen der Beseitigung zu durchsuchen. Positive Stimmung signalisiert uns dagegen, dass alles in Ordnung ist (z. B. Schwarz 2002). Auf der anderen Seite hängt es von unserer kognitiven Einschätzung einer Situation ab, welche emotionale Reaktion erfolgt. Wenn wir beispielsweise jemandem bei einer Normverletzung Absicht unterstellen, könnten wir uns darüber ärgern. Wir könnten aber auch Mitleid empfinden, wenn wir meinen, dass der andere nicht in der Lage war, anders zu handeln. Welche Emotion entsteht ist also auch das Ergebnis von Attributionsprozessen (Brosch et al. 2010; Weiner 1985).

11

Hören Sie hier mehr zur kognitiven
Komponente von Emotionen

Blick in die Praxis: Emotionen verändern – Auf die Perspektive kommt es an!

Die Unterscheidung zwischen einem Optimisten und einem Pessimisten wird häufig mit der Frage nach dem halbleeren bzw. halbvollen Glas verdeutlicht. Das Interessante an dem Beispiel ist ja, dass beide Recht haben, allerdings mit unterschiedlichen Folgen. Während die eine Perspektive uns vielleicht traurig stimmen mag, verführt uns die andere Sichtweise dazu, Freude zu empfinden. Das Beispiel zeigt, dass unser emotionales Empfinden durch unsere Gedanken verändert werden kann. Diese Annahme ist auch die Grundlage der rational-emotiven Verhaltenstherapie von Ellis (z. B. 1977) oder der kognitiven Theorie von Beck (z. B. Beck et al. 1979). In beiden Verfahren geht es darum, „krankmachende" Kognitionen und Attributionen, die mit negativen emotionalen Konsequenzen verbunden sind, durch förderliche, „gesundmachende" Kognitionen zu ersetzen.

11.2.5 Motivationale Komponente

Wir haben Emotionen als affektive Reaktion definiert. Betrachten wir das im Zusammenhang mit der weiter oben getroffenen Feststellung, dass uns positiv bewertete (zukünftige) Ereignisse aktivieren und entsprechendes Verhalten in Gang setzen, diese zu erreichen (*appetitives Motivationssystem*), während negative Ereignisse uns dazu bringen, diesen aus dem Weg zu gehen (*aversives Motivationssystem*), dann wird klar, dass Emotionen stets auch eine motivationale Komponente besitzen. Mehr noch, jedes Ergebnis, das wir anstreben oder vermeiden hat positive bzw. negative Valenz, weswegen eine Entscheidung zugunsten eines Ziels stets eine zumindest teilweise emotionale Entscheidung ist. Unter dieser Perspektive entpuppt sich die im Alltag häufig gebrauchte Unterscheidung zwischen Kopf- (= Ratio) und Bauchentscheidungen (= Emotion) als nicht haltbar; im Gegenteil: Jede rationale Entscheidung für oder gegen etwas ist stets mit einer emotionalen Komponente verbunden. Darüber lösen Emotionen auch spezifische Handlungsbereitschaften („*action tendencies*", Frijda 1986) aus. Eine wahrgenommene Bedrohung führt beispielsweise zu Furcht, und Furcht führt zu Fluchtverhalten oder einem anderen Vermeidungsverhalten. Welche konkrete Verhaltensweise initiiert wird, hängt dann vom Kontext, dem Verhaltensrepertoire und anderen Randbedingungen ab. An dieser Stelle wird deutlich, dass zwischen Motivation und Emotion viele Gemeinsamkeiten bestehen, und dass eine losgelöste Betrachtung der beiden Konzepte in vielen Fällen unsinnig ist.

Handlungsbereitschaften

11.3 Wie regulieren wir Emotionen?

Emotionen erleben und Emotionen zeigen, das sind zwei verschiedene Paar Schuhe. Auch ist es nicht so, dass wir Emotionen und deren Folgen einfach ertragen würden, vielmehr versuchen wir mit Emotionen umzugehen, so wie wir es für uns oder die Situation als angemessen ansehen. Manche Emotionen, z. B. Ärger sind so unangenehm, dass wir ganz *hedonistisch* versuchen, ihnen aus dem Weg zu gehen und ihre Folgen zu minimieren, andere Emotionen sind dagegen hoch erwünscht, z. B. Freude, weswegen wir sie gerne erleben möchten. Auch aus *prosozialen Gründen* versuchen wir, Emotionen zu verbergen, wenn wir beispielsweise bei einer uns nahestehenden Person Schadenfreude empfinden, den anderen aber nicht kränken möchten. In anderen Situationen möchten wir die angemessenen Emotionen zum Ausdruck bringen und uns anderen im Sinne einer positiven Eindrucksbildung zeigen (*impression formation*). Wir lachen vielleicht über einen gar nicht so lustigen Scherz einer vorgesetzten Person, um uns in gutes Licht zu rücken. Schließlich möchten wir uns vor bedrohlichen Folgen des Emotionserlebens schützen, wenn wir z. B. potenziellen Ärger durch Umdeutungen („In Wirklichkeit hat er ganz anders gemeint") verhindern (vgl. auch Eder und Brosch 2017). Diesen Prozess, bei dem wir versuchen auf die Emotionsentstehung bzw. den emotionalen Ausdruck oder die Emotionsfolgen Einfluss zu nehmen, bezeichnet man auch als *Emotionsregulation*. Diese kann auf verschiedene Art und Weise erfolgen (siehe dazu Gross 1998, 2014).

Eindrucksbildung

- **Situationsauswahl**: wir suchen uns Situationen aus, von denen wir uns angenehme Emotionen versprechen oder in denen wir unangenehmen Folgen aus dem Weg gehen können.
- **Situationsmodifikation**: wir versuchen so auf die Situation einzuwirken, dass sie zu unseren Bedürfnissen und Wünschen passt.
- **Aufmerksamkeitssteuerung**: wir versuchen durch gezielte Aufmerksamkeitsfokussierung unsere emotionalen Reaktionen zu steuern, in dem wir uns beispielsweise auf die positiven Aspekte konzentrieren, negative Aspekte dagegen ausblenden.
- **Kognitive Umdeutung**: die Wirkung einer Situation, eines Ereignisses hängt stets auch von der Bewertung ab. Dadurch können wir die emotionale Wirkung verändern, in dem wir die Gegebenheiten in gewünschter Weise umdeuten.
- **Reaktionskontrolle**: angenehme Emotionen können willentlich verstärkt werden, so wie unangenehme Emotionen unterdrückt werden können.

Blick in die Praxis: Mood Management – Emotionsregulation im Umgang mit Medien

Die Möglichkeit zur Emotionsregulation nutzen wir auch im Umgang mit Medien. Das Happy End in einem Liebesfilm macht uns glücklich, ein Horrorfilm dagegen versetzt uns in

Angst und Schrecken. Nach der *Mood-Management-Theorie* („Stimmungsmanagementtheorie") von Zillmann (1988) suchen wir uns gezielt Medien bzw. Medieninhalte aus, um einen gewünschten Stimmungszustand zu erreichen. Wir hören vielleicht ein trauriges Liebeslied, um unsere Melancholie zu genießen oder ein eher rockiges, lautes und rhythmisches Lied, um sie zu beenden.

Hören Sie hier, wie negative Gedanken an zukünftige Ereignisse uns jetzt schon die Laune verderben können

11.4 Wie entwickeln sich Emotionen?

Obwohl Emotionen auf grundlegende Anpassungsleistungen verweisen, verändert sich das Emotionsrepertoire, das Emotionserleben, der Emotionsausdruck und auch die Intensität und Häufigkeit, mit der wir Emotionen erleben über die Lebensspanne hinweg (siehe ausführlich dazu Holodynski 2004; Holodynski und Friedlmeier 2006). Bei Babys lassen sich bereits Anzeichen emotionaler Reaktionen erkennen (z. B. Craig et al. 1994), was auf ein angeborenes emotionales Reaktionsmuster verweist. Zudem ist die emotionale Mimik – mangels sprachlicher Fähigkeiten – ein wichtiges Kommunikationsmittel, um Bedürfnisse anzuzeigen.

Mit zunehmender Bedürfnisausdifferenzierung wird auch der emotionale Ausdruck zunehmend differenzierter. Spätestens im Vorschul- und Grundschulalter lernt das Kind, eigene Bedürfnisse auch selbständig zu erfüllen. Gleichzeitig erkennen wir in diesem Alter die Bedeutsamkeit von Kooperation. Das führt zum einen zur Entstehung normorientierter Emotionen wie Stolz (wenn wir ein Ziel selbständig erreicht haben) oder Scham (wenn wir ein normatives Ziel verfehlt haben), zum anderen zu Formen der Emotionsregulation, die z. B. eingesetzt werden, um bestimmte Ziele mit den oder gegen die anderen Sozialpartner zu erreichen.

Wir merken, dass es manchmal sinnvoll sein kann, Emotionen zu unterdrücken oder sie im Ausdruck sogar zu intensivieren, um etwas Bestimmtes zu erreichen. Zunehmend entwickelt sich auf diese Weise neben einer privaten Gefühlswelt auch eine öffentliche Gefühlswelt, wobei beide kongruent oder inkongruent sein können. Kleine Kinder können ihre Emotionen nicht verbergen,

Erwachsene dagegen schon. Mit zunehmendem Lebensalter beherrschen wir immer mehr insbesondere auch kulturell geprägte Ausdrucksregeln von Emotionen und setzen Emotionen im Sinne der Emotionsregulation (siehe ▶ Abschn. 11.3) gezielt ein. Das führt dann auch dazu, dass wir uns hinsichtlich des emotionalen Erlebens bei anderen Menschen nie sicher sein können bzw. authentische Emotionen womöglich nur ausgesuchten Sozialpartnern vorbehalten bleiben.

Display rules

Für die emotionale Entwicklung über den Lebenslauf ist die Befundlage hinsichtlich der Häufigkeit und Intensität komplex (ein Überblick dazu findet sich bei Consedine und Magai 2006). Es gibt Befunde, wonach insgesamt mit einer Abnahme in der Häufigkeit des emotionalen Erlebens im mittleren und höheren Erwachsenenalter zu rechnen ist, wobei sich das für unterschiedliche Emotionen ganz unterschiedlich entwickeln kann (z. B. Weidekamp-Maicher und Reichert 2005). Eine mögliche Ursache dafür könnte darin gesehen werden, dass die Anzahl an neuartigen Situationen, die es zu bewältigen gilt, insgesamt geringer wird, womit Emotionen als Relevanzmarker demnach weniger häufig notwendig sind. Ereignisse, die früher emotional waren, werden aufgrund ihres wiederholten Auftretens weniger intensiv oder einzigartig erlebt. Zum anderen mögen hierbei auch stereotypkonforme altersabhängige Ausdrucksregeln (*display rules*) eine Rolle spielen. Von älteren Menschen wird zumindest in unserer Kultur in vielen Bereichen erwartet, dass sie sich unter Kontrolle haben, dass sie Emotionen in angemessener Weise ausdrücken, was dann auch zu einem abgeschwächten Emotionsausdruck führen mag (vgl. auch Dougherty et al. 1996). Auf der anderen Seite lassen sich auch Befunde anbringen, die auf ein stabiles emotionales Erleben oder sogar eine eher gestiegene Komplexität im emotionalen Erleben älterer Menschen hindeuten. Wenn kognitive und emotionale Prozesse Hand in Hand gehen, wie es etwa die kognitiven Emotionstheorien unterstellen, dann sollte eine aufgrund vielfältiger Erfahrungen vorhandene kognitive Komplexität auch mit einer entsprechenden emotionalen Komplexität einhergehen (Magai et al. 2006; Lavouvie-Vief 2009). Zudem ist eine generell höhere emotionale Kontrolle bei älteren Menschen belegt (z. B. McConatha et al. 1997).

Sozioemotionale Selektionstheorie

Auch wenn die Befunde insgesamt widersprüchlich sind, kann festgehalten werden, dass Emotionen und insbesondere die Emotionsregulation wesentliche Faktoren für das subjektive Wohlbefinden im Alter darstellen (z. B. Urry und Gross 2010). Ältere Menschen tendieren nach der *sozioemotionalen Selektivitätstheorie* (z. B. Carstensen et al. 2003) dazu, die Lebensumstände so einzurichten und solche Situationen bzw. Personen auszusuchen, die mit positiven Emotionen verbunden sind und sinnstiftend sind. Was die Intensität oder den Ausdruck erlebter Emotionen anbelangt, so ist die Befundlage ebenfalls widersprüchlich (vgl. Consedine und Magai 2006). Allerdings scheinen ältere Menschen zunehmend Probleme zu bekommen, Emotionen bei anderen zu erkennen, was mit einer verminderten kognitiven Fähigkeit erklärt wird (z. B. Sullivan und Ruffman 2004; siehe auch Consedine und Magai 2006).

❓ Prüfungsfragen

1. Was sind Emotionen? Wie lassen sie sich gegenüber Stimmungen differenzieren?
2. Was ist der Unterschied zwischen affektiven und nicht affektiven Gefühlen?
3. Worin unterscheiden sich diskrete und dimensionale Emotionsmodelle?
4. Anhand welcher fünf Komponenten lassen sich Emotionen beschreiben?
5. Geben Sie ein Beispiel für ein emotionsspezifisches Ausdrucksverhalten.
6. Wie hängen Emotionsausdruck und Emotionserleben zusammen?
7. Was ist das Facial Action Coding System und wozu kann es in der Praxis eingesetzt werden?
8. Was besagt die Selbstwahrnehmungstheorie?
9. Welcher Zusammenhang besteht zwischen der Selbstwahrnehmungstheorie und dem emotionalen Erleben?
10. Wie beeinflussen Emotionen unsere Informationsverarbeitung?
11. Inwieweit sind Emotionen das Ergebnis von Attributionsprozessen und wie kann das in der Praxis genutzt werden?
12. „Emotionen verändern unsere Handlungsbereitschaften", was meint man mit dieser Aussage? Geben Sie dazu ein Beispiel.
13. Was versteht man unter Emotionsregulation? Auf welche Arten und Weisen gelingt uns das?
14. Geben Sie jeweils ein Beispiel für die fünf verschiedenen Arten der Emotionsregulation.
15. Skizzieren Sie, wie sich Emotionen über den Lebenslauf hinweg entwickeln.

Zusammenfassung

- Emotionen sind affektive Gefühle.
- Emotionen lassen sich als kurzfristige, unwillkürliche, situative und objektgerichtete affektive Reaktionen definieren, die unser Erleben und Verhalten beeinflussen.
- Stimmungen sind nicht objektbezogen.
- Diskrete Emotionsmodelle gehen von einer begrenzten Anzahl an Basisemotionen aus.
- Dimensionale Emotionsmodelle gehen von einer Einordnung emotionaler Erlebnisse entlang der Dimensionen Erregung und Valenz aus.
- Emotionen lassen sich anhand von fünf Komponenten beschreiben, nämlich Erleben, Ausdruck, Kognitionen, Physiologie und Motivation.
- Die Erlebenskomponente beschreibt den Umstand, dass sich unterschiedliche Emotionen anders anfühlen.
- Emotionen beeinflussen unsere Mimik und unser nonverbales Verhalten.
- Anhand des Facial Action Coding System (FACS) lassen sich die mimischen Ausdrucksweisen verschiedener Emotionen beschreiben.
- Die Facial-Feedback-Hypothese besagt, dass unser emotionales Erleben über ein Wahrnehmungsfeedback hinsichtlich unserer Gesichtsmuskulatur beeinflusst, wenn nicht sogar bestimmt wird.
- Es gibt keine eins-zu-eins-Entsprechung zwischen physiologischen Prozessen und emotionalem Erleben.
- Emotionen beeinflussen unsere Informationsverarbeitung.
- Emotionen sind auch Folge bestimmter kognitiver Bewertungsprozesse.
- Emotionen sind Motivatoren.
- Emotionen gehen mit spezifischen Handlungsbereitschaften einher.
- Emotionen entwickeln sich über die Lebensspanne hinweg.
- Die Befundlage zur Häufigkeit und Intensität im emotionalen Erleben im höheren Alter ist nicht eindeutig.
- Die sozioemotionale Selektivitätstheorie geht davon aus, dass ältere Menschen sich zunehmend solche Bedingungen aussuchen, bei denen die für sie positiven Aspekte überwiegen.
- Wir regulieren Emotionen auf verschiedene Arten und Weisen, um uns zu schützen, einen guten Eindruck zu hinterlassen, unsere wahren Emotionen zu verbergen oder aus hedonistischen Gründen.

11

Schlüsselbegriffe

Affekte, affektive Gefühle, Attributionsprozesse, Ausdrucksverhalten, Circumplexmodell, dimensionale Emotionsmodelle, diskrete Emotionsmodelle, Emotion als Information, Emotionen, Emotionsentwicklung, Emotionsregulation, Erlebniskomponente, Facial Action Coding System, Facial-Feedback-Hypothese, Handlungsbereitschaften, nicht affektive Gefühle, Objektgerichtetheit, Selbstwahrnehmungstheorie, sozioemotionale Selektivitätstheorie, Stimmung

Literatur

Acosta, A., Adams, R. B., Albohn, D. N., Allard, E. S., Beek, T., Benning, S. D., … Zwaan, R. A. (2016). Registered replication report: Strack, Martin & Stepper (1988). *Perspectives on Psychological Science: A Journal of the Association for Psychological Science, 11*(6), 917–928.

Beck, A. T., Rush, A. J., Shaw, B. F., & Emery, G. (1979). *Cognitive therapy of depression*. New York: Guilford Press.

Bem, D. J. (1967). Self-perception: An alternative interpretation of cognitive dissonance phenomena. *Psychological Review, 74*(3), 183–200.

Bilewicz, M., & Kogan, A. (2014). Embodying imagined contact: Facial feedback moderates the intergroup consequences of mental simulation. *British Journal of Social Psychology, 53*(2), 387–395.

Brosch, T., Pourtois, G., & Sander, D. (2010). The perception and categorisation of emotional stimuli: A review. *Cognition and Emotion, 24*(3), 377–400.

Cacioppo, J. T., Berntson, G. G., Larsen, J. T., Poehlmann, K. M., & Ito, T. A. (2000). The psychophysiology of emotion. In M. Lewis & R. J. M. Haviland-Jones (Hrsg.), *Handbook of emotions* (2. Aufl., S. 173–191). New York: Guilford Press.

Carstensen, L. L., Fung, H. H., & Charles, S. T. (2003). Socioemotional selectivity theory and the regulation of emotion in the second half of life. *Motivation and Emotion, 27*(2), 103–123.

Clore, G. L., Schwarz, N., & Conway, M. (1994). Affective causes and consequences of social information processing. In R. S. Wyer & T. K. Srull (Hrsg.), *Handbook of social cognition* (2. Aufl., Bd. 1, S. 323–419). Hillsdale: Erlbaum.

Consedine, N. S., & Magai, C. (2006). Emotional development in adulthood: A developmental functionalist review and critique. In C. Hoare (Hrsg.), *Handbook of adult development and learning* (S. 123–148). New York: Oxford University Press.

Craig, K. D., Hadjistavropoulos, H. D., Grunau, R. V. E., & Whitfield, M. F. (1994). A Comparison of Two Measures of Facial Activity During Pain in the Newborn Child. *Journal of Pediatric Psychology, 19*(3), 305–318.

Dougherty, L. M., Abe, J. A., & Izard, C. E. (1996). Differential emotions theory and emotional development in adulthood and later life. In C. Magai & S. H. McFadden (Hrsg.), *Handbook of emotion, adult development, and aging* (S. 27–41). San Diego: Academic.

Eder, A., & Brosch, T. (2017). Emotion. In J. Müsseler & M. Rieger (Hrsg.), *Allgemeine Psychologie* (S. 185–222). Berlin/Heidelberg: Springer.

Ekkekakis, P. (2013). The Measurement of Affect, Mood, and Emotion: *A Guide for Health-Behavioral Research* Cambridge: Cambridge University Press.

Ekman, P. (1992). An argument for basic emotions. *Cognition and Emotion, 6*(3–4), 169–200.

Ekman, P. (1999). Basic emotions. In T. Dalgleish & M. J. Power (Eds.), *Handbook of cognition and emotion* (S. 45-60). New York: John Wiley & Sons Ltd.

Ekman, P., & Friesen, W. V. (1971). Constants across cultures in the face and emotion. *Journal of Personality and Social Psychology, 17*(2), 124–129.

Ekman, P., & Friesen, W. V. (1978). *Facial action coding system*. Palo Alto: Consulting Psychologists Press.

Ekman, P., Levenson, R. W., & Friesen, W. V. (1983). Autonomic nervous system activity distinguishes among emotions. *Science, 221*(4616), 1208–1210.

Ellis, A. (1977). *Die Rational-Emotive Therapie*. München: Pfeiffer.

Erdmann, G., & Lindern, B. (1980). The effects of beta-adrenergic stimulation and beta-adrenergic blockade on emotional reactions. *Psychophysiology, 17*(4), 332–338.

Fiedler, K. (1988). Emotional mood, cognitive style, and behavior regulation. In K. Fiedler & J. P. Forgas (Hrsg.), *Affect, cognition and social behavior* (S. 100–119). Gottingen: Hogrefe.

Frijda, N. H. (1986). *The emotions*. Cambridge University Press, Cambridge.

Gross, J. J. (1998). The emerging field of emotion regulation: An integrative review. *Review of General Psychology, 2*(3), 271–299.

Gross, J. J. (2014). Emotion regulation: Conceptual and empirical foundations. In J. J. Gross (Hrsg.), *Handbook of emotion regulation* (S. 3–20). New York: Guilford Press.

Holodynski, M. (2004). *Die Entwicklung von Emotion und Ausdruck. Vom biologischen zum kulturellen Erbe*. Zentrum für interdisziplinäre Forschung der Universität Bielefeld: Mitteilungen, 3.

Holodynpraski, M., & Friedlmeier, W. (2006). *Development of emotions and emotion regulation*. Springer Science & Business Media.

de Houwer, J., & Hermans, D. (2010). *Cognition and emotion: Reviews of current research and theories*. Psychology Press, Hove.

Inman, C. S., Bijanki, K. R., Bass, D. I., Gross, R. E., Hamann, S., & Willie, J. T. (2018). Human amygdala stimulation effects on emotion physiology and emotional experience. *Neuropsychologia*. https://doi.org/10.1016/j.neuropsychologia. Zugegriffen am 19.03.2018.

Labouvie-Vief, G. (2009). Cognition and equilibrium regulation in development and aging. *Restorative Neurology and Neuroscience, 27*, 551–565.

Magai, C., Consedine, N. S., Krivoshekova, Y. S., Kudadjie-Gyamfi, E., & McPherson, R. (2006). Emotion experience and expression across the adult life span: Insights from a multimodal assessment study. *Psychology and Aging, 21*(2), 303–317.

McConatha, J. T., Leone, F. M., & Armstrong, J. M. (1997). Emotional control in adulthood. *Psychological Reports, 80*(2), 499–507.

Mees, U. (2006). Zum Forschungsstand der Emotionspsychologie – eine Skizze. In R. Schützeichel (Hrsg.), *Emotionen und Sozialtheorie. Disziplinäre Ansätze* (S. 104–124). Frankfurt: Campus.

Mihalcea, R., Pérez-Rosas, V., & Burzo, M. (2013). Automatic detection of deceit in verbal communication. In *Proceedings of the 15th ACM on international conference on multimodal interaction* (S. 131–134). New York: ACM.

Montada, L. (1989). Bildung der Gefühle? *Zeitschrift für Pädagogik, 35*, 293–312.

Ortony, A., & Turner, T. J. (1990). What's basic about basic emotions? *Psychological Review, 97*(3), 315–331.

Plutchik, R. (1984). Emotions: A general psychoevolutionary theory. In K. Scherer & P. Ekman (Hrsg.), *Approaches to emotion* (S. 197–220). Hillsboro: Lawrence Erlbaum Associates.

11

Russell, J. A. (1980). A circumplex model of affect. *Journal of Personality and Social Psychology, 39*(6), 1161–1178.

Russell, J. A., & Barrett, L. F. (1999). Core affect, prototypical emotional episodes, and other things called emotion: *Dissecting the elephant. Journal of Personality and Social Psychology, 76*(5), 805–819.

Schachter, S., & Singer, J. (1962). Cognitive, social, and physiological determinants of emotional state. *Psychological Review, 69*(5), 379–399.

Scherer, K. R. (2001). Appraisal considered as a process of multi-level sequential checking. In K. R. Scherer, A. Schorr, & T. Johnstone (Hrsg.), *Appraisal processes in emotion: Theory, methods, research* (S. 92–120). New York: Oxford University Press.

Scherer, K. R. (2005). What are emotions? And how can they be measured? *Social Science Information, 44*(4), 695–729.

Scherer, K. R. (2009). The dynamic architecture of emotion: Evidence for the component process model. *Cognition and Emotion, 23*(7), 1307–1351.

Schwarz, N. (2000). Emotion, cognition, and decision making. *Cognition and Emotion, 14*(4), 433–440.

Schwarz, N. (2002). Feelings as information: Moods influence judgments and processing strategies. In T. Gilovich, D. Griffin, & D. Kahneman (Hrsg.), *Heuristics and biases: The psychology of intuitive judgment* (S. 534–547). New York: Cambridge University Press.

Strack, F., Martin, L. L., & Stepper, S. (1988). Inhibiting and facilitating conditions of the human smile: A nonobtrusive test of the facial feedback hypothesis. *Journal of Personality and Social Psychology, 54*(5), 768–777.

Sullivan, S., & Ruffman, T. (2004). Emotion recognition deficits in the elderly. *International Journal of Neuroscience, 114*(3), 403–432.

Urry, H. L., & Gross, J. J. (2010). Emotion regulation in older age. *Current Directions in Psychological Science, 19*(6), 352–357.

Valins, S. (1966). Cognitive effects of false heart-rate feedback. *Journal of Personality and Social Psychology, 4*(4), 400–408.

Weidekamp-Maicher, M., & Reichert, M. (2005). Germany: Quality of life in old age I. In A. Walker (Hrsg.), *Growing older in Europe* (S. 33–54). Maidenhead: Open University Press.

Weiner, B. (1985). An attributional theory of achievement motivation and emotion. *Psychological Review, 92*(4), 548–573.

Zillmann, D. (1988). Mood management: Using entertainment to full advantage. In L. Donohew, H. E. Sypher, & E. T. Higgins (Hrsg.), *Communication, social cognition, and affect* (S. 147–171). Hillsdale: Erlbaum.

Wie entstehen Emotionen?

© Springer-Verlag GmbH Deutschland, ein Teil von Springer Nature 2019
P. M. Bak, *Lernen, Motivation und Emotion*, Angewandte Psychologie Kompakt,
https://doi.org/10.1007/978-3-662-59691-3_12

Lernziele

— Die unterschiedlichen Erklärungen zur Emotionsgenese
  kennen
— Argumente für und wider die einzelnen Erklärungsansätze
  anhand von empirischen Belegen erläutern können
— Anwendungsfälle skizzieren können

Einführung

Emotionen umfassen ein sehr komplexes subjektives Geschehen, das in jedem Fall mit einem (körperlichen) Gefühl assoziiert ist. Auf die Frage, wie wir uns überhaupt die Entstehung von Emotionen vorstellen können, gibt es nach wie vor viele unterschiedliche Antworten. Das Gleiche gilt für den genauen Zusammenhang zwischen körperlichen Empfindungen und psychischem Erleben. Auch hier gibt es verschiedene, empirisch mehr oder weniger gestützte Annahmen. Betrachten wir im folgenden Kapitel verschiedene Theorien der Emotionsgenese etwas genauer.

12

Die verschiedenen Theorien werden oft in drei Klassen eingeteilt, nämlich biologische, konstruktivistische und kognitionspsychologische Theorien (vgl. Eder und Brosch 2017; Rothermund und Eder 2011; Müsseler und Rieger 2017). Biologische Theorien betonen die Bedeutung körperlicher Erregungszustände für das Entstehen und Erleben von Emotionen. Konstruktivistische Theorien sehen dagegen in der Anwendung sozial geteilter Interpretationsvorschriften den ausschlaggebenden Faktor. Die kognitiven Emotionstheorien wiederum sehen in den individuellen, kognitiven Bewertungen von Ereignissen die Ursache für unterschiedliche Emotionen. Diese Dreiteilung ist nicht in jedem Fall überzeugend, man kann die konstruktivistischen und kognitionspsychologischen Theorien genauso gut zusammenfassen, da Emotionen in beiden Fällen Ergebnisse subjektiver Interpretationen sind, sich lediglich in der Bedeutung physiologischer Prozesse unterscheiden. Unabhängig von diesen Einordnungsfragen lassen sich für jede Perspektive gute Gründe und empirische Bestätigungen, aber auch Grenzen feststellen.

12.1 Biologische Emotionstheorien

Die ersten Ansätze zur Emotionsentstehung gingen davon aus, dass Emotionen angeborene Reaktionen auf bestimmte äußere Reizeinwirkungen sind. Die damit einhergehende körperliche Veränderung erleben wir dann als Emotion. So zumindest formuliert es die bekannte James-Lange-Theorie, benannt nach Williams James (1884) und Carl Georg Lange (1887/2012), die diese Annahme zur selben Zeit formulierten. James schreibt: „My thesis (…) is that the bodily changes follow directly the PERCEPTION of the exciting fact, and that our feeling of the same changes as they occur IS the emotion" (James 1884, S. 189f). Emotionen sind demnach nichts anderes als die Wahrnehmung körperlicher Reaktionen. Wir sind traurig, weil wir weinen, wir weinen nicht, weil wir traurig sind. Dazu Lange: „Ich zweifel nicht daran, dass die Mutter, die über ihr todtes Kind trauert, sich sträuben wird, ja vielleicht sich entrüsten wird, wenn man ihr sagt, dass was sie fühlt, – die Müdigkeit und Schlaffheit ihrer Muskeln, die Kälte ihrer blutleeren Haut, (…) alles erhellt von der Vorstellung der Ursache dieser Phänomene. Aber es gibt keinen Grund entrüstet zu sein; denn ihr Gefühl ist ebenso stark, so tief und rein, ob es aus der einen oder anderen Quelle stammt. Aber es kann ohne seine körperlichen Attribute nicht existiren" (1887/2012, S. 52). Auch wenn die Ideen von James und Lange nicht von allen Wissenschaftlern geteilt wurden, beeinflussen sie bis heute unsere Vorstellungen der Emotionsgenese, wie etwa an der *Facial-Feedback-Hypothese* (siehe oben) sichtbar wird, die ja im Prinzip eine empirische Bestätigung der James-Lange-Theorie darstellt. Gleiches gilt für die *Theorie der somatischen Marker* von Damasio (z. B. 1996), mit der man beispielsweise das Bauchgefühl erklären kann, das wir in vielen Entscheidungssituationen erleben und das uns für eine Alternative votieren lässt. Nach Ansicht Damasios merken wir uns auf körperliche Weise, wie es sich anfühlt, wenn wir uns für eine Sache entschieden haben, wir bilden Assoziationen zwischen emotional-somatischen Folgen und Entscheidungen. Stehen wir später erneut vor der Wahl, dann werden diese somatischen Assoziationen erneut aktiviert und „markieren" auf diese Weise eine Verhaltensoption als die günstige bzw. ungünstige. Das „Bauchgefühl" ist demnach nichts anderes als eine Erinnerung an ein vorangegangenes Gefühl in einer ähnlichen Situation. Damasio unterscheidet darüber hinaus zwischen Gefühl und Emotion. Während Emotionen körperliche Reaktionen sind, stellen „Gefühle von Emotionen" – ganz wie Lange es bereits 100

James-Lange-Theorie

Jahre vorher formuliert hat – nichts anderes dar, als „zusammen-
gesetzte *Wahrnehmungen* dessen, was in unserem Körper und
unserem Geist abläuft, wenn wir Emotionen haben" (Damasio
2011, S. 122).

Primäre Emotionen

Grundlegendes Kennzeichen biologischer Emotionstheorien
ist, dass sie Emotionen als angeborene Reaktion auf bestimmte Ereignisse ansehen. Wir haben Angst vor der Dunkelheit nicht weil
wir zu viele Krimis gelesen haben, sondern weil es sich aus (evolu-
tionsbiologischen) Notwendigkeiten als sinnvoll ergeben hat,
Dunkelheit zu meiden. Starke Argumente dafür, dass Emotionen
auf grundlegend biologischen Prozessen basieren, die uns von Na-
tur aus mitgegeben wurden, sind nicht zuletzt auch die bereits
weiter oben beschriebenen kulturübergreifenden Untersuchun-
gen und Befunde Paul Ekmans (Ekman und Friesen 1971; Ekman
1992). Danach lassen sich bei allen Menschen Basisemotionen
(oder *primäre Emotionen*) nachweisen. Schon neugeborene Babies
zeigen bereits Mimiken, die eindeutig einer Basisemotion zuzu-
weisen sind (Craig et al. 1994; vgl. dazu auch Holodynski und
Friedlmeier 2006). Und sogar bei Tieren gibt es vergleichbare Ex-
pressionen (Chevalier-Skolnikoff 1973). Diese primären Emotionen (bei Ekman: Freude, Ärger, Traurigkeit, Ekel, Überraschung
und Furcht) sind angeboren, treten bei allen Menschen unter ähnlichen Umständen auf, haben einen unverwechselbaren Ausdruck, gehen mit einer spezifischen Physiologie einher, besitzen
ein bestimmtes Reaktionsmuster und werden schnell und automatisch ausgelöst.

12

Plutchik (z. B. 1984) sieht eine enge Verbindung zwischen
grundlegenden, adaptiven Verhaltensweisen des Menschen und
den damit assoziierten Emotionen. Er postuliert insgesamt acht
Basisemotionen (◨ Tab. 12.1).

◨ **Tab. 12.1**   Verhaltensweisen und dazugehörige Basisemotionen
bei Plutchik (z. B. 1984)

Adaptive Verhaltensweise	Emotion
Sich schützen, fliehen	Furcht
Hindernis beseitigen, angreifen	Ärger
Behalten oder Wiederholen	Freude
Weinen, Wiedervereinigung	Traurigkeit
Umsorgen, gegenseitige Unterstützung	Akzeptanz
Zurückweisen	Ekel
Erkunden und explorieren	Antizipation
Innehalten, Zeitgewinn zur Orientierung	Überraschung

Andere Emotionen, etwa Stolz, Mitleid oder Neugierde werden als *sekundäre Emotionen* bezeichnet und ergeben sich jeweils als Mischung aus primären Emotionen. Neugierde beispielsweise als Mischung von Überraschung und Akzeptanz.

Die Vorstellungen von Plutchik können jedoch keinesfalls als allgemein akzeptiert angesehen werden. Das fängt schon bei der numerischen Festlegung auf eine bestimmte Anzahl an Basisemotionen an, wozu es, wie beschrieben, unterschiedliche Annahmen gibt. Zudem gibt es zwar durchaus einen Zusammenhang von physiologischen Reaktionen und emotionalen Zuständen, dieser ist jedoch häufig nicht ausreichend, um emotionales Erleben auf der Grundlage körperlicher Prozesse eindeutig vorhersagen zu können (Müsseler und Rieger 2017).

Sekundäre Emotionen

12.2 Kognitiv-physiologische Emotionstheorien

Der Grundgedanke kognitiv-physiologischer Theorien (konstruktivistische Theorien) wie beispielsweise der Zwei-Faktoren-Theorien von Schachter und Singer (1962) oder der Diskrepanz/Affekt-Theorie von Mandler (z. B. 1964, 1990) ist, dass erlebte Emotionen das Ergebnis von (sozial-kulturell bedingten) Kategorisierungsprozessen von Rohgefühlen (*core affects*) sind. Rohgefühle sind Erregungen, die aber keine weitere Spezifizierung besitzen und auch keinen Objektbezug aufweisen. Eine Emotion entsteht erst dadurch, dass diese Rohgefühle sinnvoll interpretiert werden, wobei die Sinnhaftigkeit im Sinne einer sozial-kulturellen Passung beurteilt wird. Eine Studie von Dutton und Aron (1974) macht diesen Prozess auf amüsante Art und Weise deutlich. Ihre männlichen Versuchspersonen mussten entweder über eine unangenehm schwankende Hängebrücke oder über eine nicht schwankende, feste Brücke laufen. Anschließend wurden sie von einer jungen Frau oder einem jungen Mann zu verschiedenen Themen befragt. Außerdem mussten sie einen TAT-Test bearbeiten. Zum Abschied gab ihnen die Frau bzw. der Mann noch eine Telefonnummer für eventuelle Rückfragen.

Rohgefühle

Was sich nun zeigte war, dass Männer, die über die wackelnde Brücke gelaufen waren, sich viel häufiger bei der Frau danach meldeten und im TAT-Test häufiger sexuelle Themen ansprachen als die Männer der anderen Gruppe. War der Interviewer männlich, fand sich kein Unterschied. Wie lassen sich diese Ergebnisse erklären? Nach Meinung Duttons und Arons folgendermaßen: Bei Probanden, die über die schwankende Brücke zu gehen hatten, wurde ein Gefühl der Erregung induziert, welches dann in Gegenwart der Versuchsleiterin als sexuelle Erregung umetikettiert wurde. Das emotionale Erleben der Probanden wurde also durch das bestimmt, was im Kontext als eine plausible und sinnvolle Emotion gelten kann. Damit belegen die Ergebnisse auch die Vor-

„Wackelbrückenexperiment"

hersagen aus der Zwei-Faktoren-Theorie von Schachter und Singer (z. B. 1962). Diese geht davon aus, dass Emotionen eine Folge interaktiver Prozesse zwischen kognitiven Faktoren einerseits und physiologischer Erregung andererseits darstellt. Empfindet eine Person eine physiologische Erregung, für die sie keine augenblickliche Erklärung hat, wird sie diese Gefühle mit denjenigen Kognitionen beschreiben, die ihr gerade verfügbar sind. Das bedeutet, dass ein und dieselbe physiologische Erregung einmal als Freude, ein anderes Mal als Ärger interpretiert werden kann, je nachdem, welche Kognitionen zur Etikettierung genutzt werden. Haben wir dagegen bereits eine plausible Erklärung für eine physiologische Erklärung, dann ist eine Umetikettierung der Emotion eher unwahrscheinlich. Im Fall, dass eine Person bestimmte emotionsrelevante Kognitionen hat, aber – aus welchen Gründen auch immer – keine physiologische Erregung empfindet, wird sie keine Emotion erleben. Für emotionales Erleben müssen demnach stets beide Faktoren, nämlich Kognition und Physiologie, zusammenwirken.

Neben der Studie von Dutton und Aron gibt es einige Belege für die Zwei-Faktoren-Theorie von Schachter und Singer (1962), nicht zuletzt ihre eigenen Experimente zum Vitaminpräparat „Suproxin". Dabei wurden die Probanden über die angeblichen Wirkungen dieses Mittels einmal korrekt und einmal falsch informiert. Gleichzeitig wurde Personen einer Experimentalgruppe ohne ihr Wissen Adrenalin verabreicht, was zu physischer Erregung führte. Wie diese Erregung interpretiert wurde, hing nicht zuletzt vom Verhalten eines Vertrauten des Versuchsleiters ab, der sich einmal als Spaßvogel ausgab und sich ein anderes Mal über den Versuch lautstark ärgerte. Versuchspersonen, die keine Erklärung für die empfundene Erregung hatten, interpretierten die – adrenalinverursachte Erregung – in der einen Bedingung eher als Freude, in der anderen eher als Ärger. Was sich jedoch weiterhin als problematisch erwies, war die Annahme, dass physiologische Erregung für emotionales Erleben notwendig ist. Wie beispielsweise auch das Experiment von Valins (1966; vgl. ▶ Abschn. 11.3) zeigte, können Emotionen auch ohne physiologische Veränderungen induziert werden. Sind manche Emotionen also allein von Kognitionen abhängig?

12.3 Kognitive Emotionstheorien

Für kognitive Emotionstheorien, wie z. B. die Emotionstheorie von Scherer (z. B. 2001) oder Lazarus (z. B. 1966), sind Emotionen das Ergebnis von Bewertungsprozessen. Emotionen lassen sich dann als episodische und adaptive Reaktionen auf Bewertungen von internen und externen Ereignissen interpretieren. Lazarus

(z. B. 1966; 1991) sieht Emotionen dagegen weniger als Reaktion auf ein Ereignis als vielmehr als Reaktion auf die wahrgenommene Person-Umwelt-Relation an. Er unterscheidet dabei verschiedene Bewertungsprozesse. Ein Ereignis wird danach in einem ersten Bewertungsprozess (*primary appraisal*) danach bewertet, ob es gefährlich, bedrohlich, positiv oder irrelevant ist. Wir bewerten aber in einem zweiten Bewertungsprozess auch, wie wir mit dem Ereignis umgehen, wie wir es bewältigen können (*secondary appraisal*). Zudem entwickeln sich Emotionen dynamisch, d. h. es kommt immer wieder zu Neubewertungen der Situation (reappraisal), wodurch sich auch die emotionalen Reaktionen verändern können. Später erweiterte Lazarus seine Appraisal-Theorie noch um die Vorstellung spezifischer *core relational themes* (Bewertungsthemen; Lazarus und Smith 1988; siehe auch Lazarus 1991), die das Ergebnis der beiden Bewertungsprozesse in einen größeren Person-Umwelt-Zusammenhang stellen. Dabei geht er von einer kleinen Anzahl relevanter Bewertungsthemen aus, die diese Person-Umwelt-Beziehung beschreiben, etwa irreversiblem Verlust, Hoffnung auf Erfolg oder Bedrohung. Jedes Bewertungsthema ist dabei mit bestimmten Emotionen assoziiert, Bedrohung z. B. mit Angst, Verlust mit Traurigkeit. Scherer (2001) beschränkt sich im Gegensatz dazu nicht auf eine inhaltlich bestimmte Anzahl an Bewertungsthemen, sondern sieht den Bewertungsprozess eher aus einer funktionalen Perspektive. Nach seinem Komponenten-Prozess-Modell (Scherer 2001) werden Ereignisse ständig nach folgenden Dimensionen bewertet (*Stimulus Evaluation Checks*, SECs):

1. Wie relevant ist das Ereignis für mich? Werde ich oder eine mir wichtige Person/Gruppe davon betroffen? (Relevanz)
2. Was folgt aus dem Ereignis für mich? Welche Konsequenzen für meine langfristigen Ziele sind zu erwarten? (Implikationen)
3. Wie gut werde ich mit den Ereignisfolgen umgehen können? (Bewältigungspotenzial)
4. Wie bedeutsam ist das Ereignis in Bezug auf mein Selbstkonzept, meine Normen und Werte? (Normative Signifikanz)

Appraisaltheorien

In Abhängigkeit dieser Bewertungen, die stets subjektiv sind, verändern sich unsere Physiologie, unsere Handlungsbereitschaften und unser subjektives Gefühl. Das bedeutet dann nicht nur, dass es im Prinzip unendlich viele emotionale Zustände geben kann, sondern auch, dass jeder auf ein Ereignis andere Emotionen erleben kann. Nicht das Ereignis an sich ist entscheidend, sondern wie wir es betrachten. Während also z. B. bei der Spinnenangst biologische Emotionstheorien davon ausgehen, dass Angst vor Spinnen aufgrund unseres evolutionären Erbes eine angeborene Reaktionsweise darstellt, würden kognitive Bewertungs-Theorien diese

Angst mit unseren entsprechenden subjektiven Bewertungen der Spinne erklären. Wir könnten demnach auch eine ganz andere Emotion darauf zeigen, beispielsweise Neugier oder Faszination.

Kognitive Neubewertung

Für die Bewertungsabhängigkeit des emotionalen Erlebens lassen sich zahlreiche empirische Belege anführen. Speisman et al. (1964) konnten etwa zeigen, dass die emotionale Stressreaktion auf einen Film, der ein schmerzhaftes Beschneidungsritual zeigte, in Abhängigkeit von den eingespielten Kommentaren anders ausfiel. Fokussierte der Kommentar beispielsweise die Schmerzhaftigkeit, so fiel die Reaktion deutlicher aus als wenn eine nüchterne, sachliche Beschreibung gegeben wurde. Auch auf physiologischer Ebene lassen sich Effekte der kognitiven Neubewertung auf emotionale Reaktionen nachweisen (z. B. Jackson et al. 2000). Umgekehrt fand Scherer (1997) in kulturvergleichenden Studien heraus, dass beispielsweise Ärger, Traurigkeit, Schuld und Ekel in allen untersuchten 37 Ländern Ergebnis ähnlicher Bewertungsprozesse waren.

Blick in die Praxis: Anti-Aggressivitätstraining bei Jugendlichen

Was ist der Grund für jugendliche Aggressivität? Liegt es womöglich an der subjektiven Situationsbewertung, die sich von derjenigen nicht aggressiver Jugendlicher unterscheidet? Dieser Frage ging eine Forschergruppe um Ian Penton-Voak nach (Penton-Voak et al. 2013). Sie fanden heraus, dass aggressiv auffällige Jugendliche Gesichter anderer Menschen offenbar anders wahrnehmen. Eigentlich neutral blickende Gesichter, die man ihnen auf Fotos gezeigt hatte, wurden als feindselig interpretiert. Ihre eigene Aggression war eine Reaktion auf diesen Eindruck, quasi eine Art Selbstverteidigung. Ein entsprechendes Training, in dem die Jugendlichen lernten, die Gesichtsausdrücke korrekt zu bewerten, führte letztlich dann auch zu weniger aggressivem Verhalten.

12

Die kognitiven Theorien haben sich insbesondere in der Praxis als sehr fruchtbar erwiesen, etwa dann, wenn es um den Umgang mit belastenden Erlebnissen geht. Hier können sich kognitive Umdeutungen oder eine veränderte Aufmerksamkeitsfokussierung als besonders hilfreich erweisen. Dennoch bleiben auch hier viele Fragen offen, beispielsweise zum Zusammenhang von emotionalen und motivationalen Prozessen. Auch ist nach wie vor unzureichend geklärt, wie sich biologische und kognitive Prozesse bedingen.

? Prüfungsfragen

1. Wie unterscheiden sich biologische, kognitiv-physiologische und kognitive Theorien hinsichtlich der Frage der Emotionsentstehung? Welche Argumente und Befunde sprechen für die einzelnen Theorien?
2. Was sind Basisemotionen?
3. Was sind sekundäre Emotionen?
4. Was besagt die James-Lange-Theorie? Welche Argumente stützen die Annahmen?
5. Kognitive Theorien sehen in Bewertungsprozessen die Ursache für Emotionen. Nach welchen Kriterien bewerten wir Ereignisse?
6. Welche praktischen Konsequenzen lassen sich aus kognitiven bzw. kognitiv-physiologischen Theorien ableiten?
7. Was versteht man unter somatischen Markern?

Zusammenfassung

- Es lassen sich biologische, kognitiv-physiologische und kognitive Theorien zur Emotionsentstehung unterscheiden.
- Biologische Theorien gehen davon aus, dass Emotionen angeborene Reaktionen auf bestimmte äußere Reizeinwirkungen sind.
- Die James-Lange-Theorie besagt, dass Emotionen nichts anderes als die Wahrnehmung körperlicher Reaktionen sind.
- Die Theorie der somatischen Marker geht davon aus, dass wir uns an Körpererfahrungen im Zusammenhang mit Entscheidungen erinnern können, wobei diese Erinnerungen uns dann später als Bauchgefühl zur Verfügung stehen.
- Als primäre Emotionen (Basisemotionen) werden angeborene Emotionen bezeichnet.
- Sekundäre Emotionen bezeichnen dagegen Emotionen, die sich als Mischung aus primären Emotionen ergeben.
- Ein eindeutiges physiologisches Reaktionsprofil, mit dem man spezifische Emotionen unterscheiden kann, ist bisher nicht nachgewiesen.
- Kognitiv-physiologische Theorien sehen Emotionen als das Ergebnis von (kultur-sozial bedingten) Kategorisierungsprozessen von Rohgefühlen (core affects) an.

- Rohgefühle sind unspezifische Erregungen ohne Objektbezug.
- Emotionen können durch Umetikettierung der Rohgefühle verändert werden.
- Kognitive Emotionstheorien sehen Emotionen allein als Ergebnis von Bewertungsprozessen an.
- Nach dem Komponenten-Prozess-Modell bewerten wir Ereignisse permanent nach ihrer Relevanz, ihren Implikationen, unserem Bewältigungspotenzial und ihrem Bezug zu unserem Selbstkonzept und unseren Normen und Werten.

Schlüsselbegriffe

Basisemotionen, biologische Emotionstheorien, Facial Feedback Hypothese, James-Lange-Theorie, Kategorisierung von Rohgefühlen, kognitiv-physiologische Emotionstheorien, kognitive Emotionstheorien, Komponenten-Prozess-Modell, primäre Emotionen, sekundäre Emotionen, somatische Marker, stimulus evaluation checks, Umetikettierung von Emotionen

Literatur

Chevalier-Skolnikoff, S. (1973). Facial expression of nonhuman primates. In P. Ekman (Hrsg.), *Darwin and facial expression* (S. 11–89). New York: Academic.

Craig, K. D., Hadjistavropoulos, H. D., Grunau, R. V. E., & Whitfield, M. F. (1994). A comparison of two measures of facial activity during pain in the newborn child. *Journal of Pediatric Psychology, 19*(3), 305–318.

Damasio, A. R. (1996). The somatic marker hypothesis and the possible functions of the prefrontal cortex. *Philosophical Transactions of the Royal Society, B: Biological Sciences, 351*(1346), 1413–1420.

Damasio, A. (2011). *Selbst ist der Mensch. Körper, Geist und die Entstehung des menschlichen Bewusstseins.* München: Siedler.

Dutton, D. G., & Aron, A. P. (1974). Some evidence for heightened sexual attraction under conditions of high anxiety. *Journal of Personality and Social Psychology, 30*(4), 510–517.

Eder, A., & Brosch, T. (2017). Emotion. In J. Müsseler & M. Riege (Hrsg.), *Allgemeine Psychologie* (S. 185–222). Berlin/Heidelberg: Springer.

Ekman, P. (1992). An argument for basic emotions. *Cognition and Emotion, 6*(3–4), 169–200.

Ekman, P., & Friesen, W. V. (1971). Constants across cultures in the face and emotion. *Journal of Personality and Social Psychology, 17*(2), 124–129.

Holodynski, M., & Friedlmeier, W. (2006). *Development of emotions and emotion regulation.* Springer Science & Business Media, New York.

Jackson, D. C., Malmstadt, J. R., Larson, C. L., & Davidson, R. J. (2000). Suppression and enhancement of emotional responses to unpleasant pictures. *Psychophysiology, 37* (4), 515–522.

James, W. (1884). What is an emotion? *Mind, 9*(34), 188–205.

Lange, C. G. (1887/2012). *Über Gemütsbewegungen. Eine psycho-physiologische Studie.* Barsinghausen: Unikum-Verlag.

Lazarus, R. S. (1966). *Psychological stress and the coping process*. New York: McGraw-Hill.

Lazarus, R. S. (1991). *Emotion and adaptation*. New York: Oxford University Press.

Lazarus, R. S., & Smith, C. A. (1988). Knowledge and appraisal in the cognition-emotion relationship. *Cognition and Emotion, 2*(4), 281–300.

Mandler, G. (1964). The interruption of behavior. *Nebraska Symposium on Motivation, 12*, 163–219.

Mandler, G. (1990). A constructivist theory of emotion. In N. S. Stein, B. L. Leventhal, & T. Trabasso (Hrsg.), *Psychological and biological approaches to emotion*. Hillsdale: Lawrence Erlbaum Associates.

Müsseler, J., & Rieger, M. (2017). *Allgemeine Psychologie*. Heidelberg: Springer.

Penton-Voak, I. S., Thomas, J., Gage, S. H., McMurran, M., McDonald, S., & Munafò, M. R. (2013). Increasing recognition of happiness in ambiguous facial expressions reduces anger and aggressive behavior. *Psychological Science, 24*, 688–697.

Plutchik, R. (1984). Emotions: a general psychoevolutionary theory. In K. Scherer & P. Ekman (Hrsg.), *Approaches to emotion* (S. 197–220). Hillsboro: Lawrence Erlbaum Associates.

Rothermund, K., & Eder, A. (2011). *Motivation und emotion*. Wiesbaden: Springer.

Schachter, S., & Singer, J. (1962). Cognitive, social, and physiological determinants of emotional state. *Psychological Review, 69*(5), 379–399.

Scherer, K. R. (1997). The role of culture in emotion-antecedent appraisal. *Journal of Personality and Social Psychology, 73*(5), 902–922.

Scherer, K. R. (2001). Appraisal considered as a process of multi-level sequential checking. In K. R. Scherer, A. Schorr, & T. Johnstone (Hrsg.), *Appraisal processes in emotion: Theory, methods, research* (S. 92–120). New York: Oxford University Press.

Speisman, J. C., Lazarus, R. S., Davison, L., & Mordkoff, A. M. (1964). Experimental analysis of a film used as a threatening stimulus. *Journal of Consulting Psychology, 28*(1), 23–33.

Valins, S. (1966). Cognitive effects of false heart-rate feedback. *Journal of Personality and Social Psychology, 4*(4), 400–408.

Wozu haben wir Emotionen?

© Springer-Verlag GmbH Deutschland, ein Teil von Springer Nature 2019
P. M. Bak, *Lernen, Motivation und Emotion*, Angewandte Psychologie Kompakt,
https://doi.org/10.1007/978-3-662-59691-3_13

Lernziele

— Die unterschiedlichen Funktionen von Emotionen erklären und anhand von Beispielen veranschaulichen können

Einführung

Wie öde wäre ein Leben ohne Emotionen, ohne das überwältigende Gefühl der Freude bei der Geburt des eigenen Kindes oder den Schmerz beim Verlust einer geliebten Person. Andere Ereignisse lassen uns dagegen kalt, wir empfinden keine Regung. Offensichtlich sagen uns Emotionen etwas über die Bedeutsamkeit von Ereignissen. Sie verändern dabei gleichzeitig die Art und Weise, wie wir die Umwelt wahrnehmen. Wir kennen das alle: Sind wir traurig, erscheint uns die Welt grau und wir kommen nur schlecht auf positive Gedanken. Sind wir dagegen glücklich, dann sieht die Welt ganz anders aus, unsere Gedanken und Gefühle sprudeln nur so aus uns heraus. Irgendwie begleiten uns Emotionen permanent, in dem was wir tun und erleben. Welche Funktion haben sie?

Es lassen sich zumindest drei zentrale Funktionsbereiche von Emotionen nennen. Zum ersten dienen Emotionen dazu, uns die Relevanz von Reizen und Ereignissen im Hinblick auf unsere Bedürfnisse, Pläne und Ziele anzuzeigen: Emotionen haben also eine informative Funktion. Zweitens dienen sie dazu, uns auf den Umgang mit der gegenwärtigen Situation vorzubereiten: Emotionen lenken unser Verhalten und motivieren uns. Und drittens dienen sie dazu, anderen Menschen unserer sozialen Umwelt etwas über unseren Zustand zu vermitteln: Emotionen haben eine soziale Funktion (z. B. Scherer 1982).

13.1 Informative Funktion von Emotionen

Emotionen haben den Vorteil, dass sie uns sehr schnell über die Bedeutung von Ereignissen informieren und uns auf den entsprechenden Umgang mit ihnen vorbereiten können. Würden wir beispielsweise angesichts eines auf uns zulaufenden Grizzlybären erst überlegen, ob sich daraus eine bedrohliche Situation für uns ergeben kann, wäre es wohl zu spät (◻ Abb. 13.1).

Stroop-Aufgabe   Emotional bewertete Reize ziehen ganz automatisch unsere Aufmerksamkeit auf sich. Das kann man in experimentellen Stu-

◘ **Abb. 13.1** Emotionen signalisieren uns ganz schnell, ob wir es mit einer Bedrohung zu tun haben. (© Claudia Styrsky)

dien mit unterschiedlichen Methoden sehr gut belegen (siehe dazu Yiend 2010). Häufig werden Ablenkungseffekte durch emotionale Stimuli mit der emotionalen Stroop-Aufgabe untersucht (z. B. Williams et al. 1996). In der klassischen (nicht emotionalen) Stroop-Aufgabe (Stroop 1935) müssen die Probanden die Schriftfarbe von Wörtern, die allesamt Farben bezeichnen, so schnell wie möglich benennen. Sie werden instruiert, nur auf die Farbe der Wörter zu achten, nicht auf deren Bedeutung. Farbwort und Farbe können kongruent sein (z. B. kann das Wort Grün in grüner Farbe geschrieben sein) oder inkongruent (z. B. Grün ist in Rot geschrieben). Typischerweise brauchen wir in inkongruenten Fällen mehr Zeit, um die Benennaufgabe korrekt durchzuführen als in kongruenten Fällen, was als Beleg dafür angesehen wird, dass wir die Wörter automatisch lesen, sie also nicht ignorieren können. Die zeitliche Verzögerung in inkongruenten Fällen wird damit erklärt, dass es in dem Fall zu einem Informationskonflikt kommt, da die Wortbedeutung und die Wortfarbe unterschiedliche Reaktionen nahelegen. Die Konfliktlösung benötigt Zeit, was sich in verzögerten Antworten auswirkt. Im kongruenten Fall besteht kein Konflikt, die Reaktion wird nicht verzögert.

Die emotionale Stroop-Aufgabe ist eine Weiterentwicklung der Stroop-Aufgabe. Dabei werden beispielsweise positiv und negativ konnotierte sowie neutrale Wörter (oder allgemein Reize) in verschiedenen Farben dargeboten, mit der Instruktion, die Wörter zu ignorieren und so schnell und korrekt wie möglich die Farbe der Reize zu benennen. Pratto und John (1991) finden nun beispielsweise verzögerte Reaktionen auf negative Reize, was als Indiz für einen generellen Negativitäts-Bias in der Informationsverarbeitung angesehen wurde. Allerdings ist die Befundlage dazu nicht eindeutig, Strauss und Allen (2006) finden beispielsweise größere Ablenkungseffekte für positive Reize. Am wahrscheinlichsten ist es, dass allgemein Reize, die für die Probanden aus unterschiedlichen Gründen relevant sind und für Erregung sorgen, Aufmerksamkeit auf sich ziehen, unabhängig davon, ob sie negativ oder positiv sind (siehe dazu z. B. Anderson 2005; Schimmack 2005).

Mood congruency effect

Zu dieser Annahme passen auch Befunde, wonach wir eine Präferenz für stimmungskongruente Informationen haben (*mood congruency effect*; Bower 1981), d. h. wir lenken unsere Aufmerksamkeit bevorzugt auf solche Reize und verarbeiten diese auch weiter, wenn sie zu unserer gegenwärtigen Stimmung passen. Sind wir traurig, dann fallen uns auch mehr traurige Episoden unseres Lebens ein und wir sind für negative Reize empfänglicher. Das Umgekehrte gilt für positive Stimmung. Auch unser Urteilen und Bewerten, z. B. auch die Wahrnehmung anderer Personen, wird durch unsere aktuelle emotionale Befindlichkeit beeinflusst. Forgas und Bower (1987) zeigen z. B. dass ihre positiv gestimmten Versuchspersonen andere Menschen viel positiver wahrnahmen als die negativ gestimmten Versuchspersonen. Emotionen verändern darüber hinaus die Art und Weise, wie wir Informationen verarbeiten. In positiver Stimmung verarbeiten wir Informationen eher oberflächlich, in negativer Stimmung achten wir dagegen eher auf Argumente und sind analytischer (Bless et al. 1990). Auch unser Denkstil wird durch Emotionen und Stimmungen beeinflusst. In negativer Stimmung sind wir häufig problemfokussiert, in positiver Stimmung weitet sich dagegen unser Denkhorizont, wir werden kreativer (Isen et al. 1987). Zudem unterbrechen Emotionen die gerade ablaufenden informationsverarbeitenden Prozesse bei auftauchenden Problemen und richten das System auf die veränderten Umstände neu aus (Mandler 1964).

Emotionen und Gedächtnis

Diese Befunde legen nahe, dass Emotionen nicht nur unsere Informationsverarbeitung verändern, sondern auch Einfluss darauf haben, welche Gedächtnisinhalte gerade verfügbar sind. Wir können allgemein davon ausgehen, dass Emotionen und Gedächtnisprozesse eng miteinander verzahnt sind (Bower 1992). Emotionen sorgen dafür, dass wir uns an emotionale (und daher bedeutende) Erlebnisse erinnern, um sie bei der nächsten Gelegenheit erneut zu suchen oder zu vermeiden. Wir erinnern uns eher an emotionale Erlebnisse wie unseren Geburtstag, die Hochzeit, den Streit mit einem Freund oder eine enttäuschend schlechte Note (zum Überblick vgl. Christianson 1992). Hirnphysiologisch lässt sich belegen, dass die Aktivierung der Amygdala dabei eine entscheidende Rolle spielt (McGaugh 2004; LaBar und Cabeza 2006). Aber Emotionen sorgen nicht generell nur für eine bessere Enkodierung, sie wirken sich eher selektiv aus, d. h. nur relevante Informationen werden gespeichert, Irrelevantes dagegen bleibt ausgespart („Tunnel-Gedächtnis", Safer et al. 1998). Darüber hinaus kann man zeigen, dass

Emotionen nicht nur die Enkodierung bzw. den Abruf von Informationen beeinflussen – Gedächtnisprozesse selbst sind umgekehrt auch für die Entstehung von Emotionen bedeutsam. Wenn wir in Übereinstimmung mit kognitiven Emotionstheorien (siehe ▶ Abschn. 12.3) davon ausgehen, dass Emotionen das Ergebnis von Bewertungsprozessen sind oder zumindest davon beeinflusst werden, dann werden bei der Konfrontation mit einem Reiz entsprechende Erinnerungen abgerufen, die dann beispielsweise genutzt werden zu prüfen inwieweit man die Situation bewältigen kann. Diesen Prozess hat Lazarus (1966) als sekundären Bewältigungsprozess (*secondary appraisal*) beschrieben. Außerdem nutzen wir Emotionen selbst als Informationen (*feelings as information*; z. B. Schwarz 2012), wie ein bekanntes Experiment von Schwarz und Clore (1983) illustriert. Sie befragten ihre Versuchsteilnehmer entweder an sonnigen oder regnerischen Tagen nach ihrer Lebenszufriedenheit. Die Teilnehmer gaben an sonnigen Tagen höhere Lebenszufriedenheitsratings an als an regnerischen Tagen. Offensichtlich nutzen die Versuchspersonen ihre Stimmung, die an schönen Tagen besser war, als Hinweis auf ihre Lebenszufriedenheit, obwohl Lebenszufriedenheit sich wohl kaum auf eine momentane Stimmung beziehen kann. Wurden die Teilnehmer übrigens vor der Frage nach ihrer Lebenszufriedenheit nach den aktuellen Wetterbedingungen befragt, verschwand der Effekt. Die aktuelle Befindlichkeit wurde jetzt auf das Wetter attribuiert und nicht mehr als Indiz für die Gesamtverfassung angesehen.

Blick in die Praxis: Emotionen im Zusammenhang von Werbung und Konsum

Emotionen werden in vielfältiger Weise in konsumrelevanten Zusammenhängen genutzt. Zum einen zeigen Studien zum *Elaboration-Likelihood Model* (Petty und Cacioppo 1986) dass positive Stimmung mit einer peripheren, oberflächlichen Informationsverarbeitung einhergeht, während negative Stimmung eher zu einer zentralen Informationsverarbeitung führt (Bless et al. 1990). In positiver Stimmung lässt man sich daher eher auch durch periphere Hinweisreize zu einer Entscheidung verleiten als in negativer Stimmung, bei der die Argumente ausschlaggebend sind (siehe auch Lien 2001). Dies versucht man z. B. in persuasiven Situationen auszunutzen, bei denen es wie etwa in der Werbung darum geht, uns von einer Ansicht oder einem Produkt zu überzeugen. Musik im Kaufhaus wird beispielsweise dazu genutzt, um unsere Stimmung positiv zu beeinflussen, mit dem Ziel, dass wir bedenkenloser einkaufen oder länger im Geschäft verweilen (z. B. Donovan et al. 1994). Andere Studien zeigen, dass spezifische Emotionen direkt Einfluss auf die Rezeption von Werbung haben. Ärger beispielsweise, eine Emotion, die mit erhöhter Aktivität assoziiert ist, führt zu einer Präferenz für Werbeinhalte, die Aktivitäten in den Fokus rücken, während Emotionen wie z. B. Traurigkeit, die eher mit Passivität verbunden sind, zu einer Präferenz für deaktivierende Inhalte führen (Rucker und Petty 2004). Eine Emotionsinduktion kann also ganz allgemein genutzt werden, um die Empfänglichkeit für bestimmte Informationen in gewünschter Weise zu verändern.

13.2 Motivationale Funktion von Emotionen

Wir haben Emotionen als grundlegende Anpassungsleistung an die situativen Gegebenheiten definiert. Damit sind Emotionen grundsätzlich mit Bewegung, also Verhalten verbunden (das Wort Emotion stammt vom lateinischen *movere* = bewegen ab). Lassen sich unterschiedliche Emotionen mit spezifischen Verhaltensweisen in Verbindung bringen? Diese Ansicht vertritt beispielsweise Plutchik (2001). Seiner Ansicht nach werden bestimmte Emotionen durch typische Ereignisse ausgelöst, die sich aus unserer Entwicklungsgeschichte als bedeutsam für unser Überleben erwiesen haben. So löst Bedrohung Furcht aus, ein sich uns in den Weg stellendes Hindernis Ärger, ein Verlust Traurigkeit oder ein unerwartetes Ereignis Überraschung. Jede Emotion ist dann wiederum mit bestimmten Funktionen verbunden. Furcht führt zu Fluchtverhalten und schützt uns damit. Ärger lässt uns angreifen und damit das Hindernis beseitigen. Allerdings verhält es sich eben nicht immer so. Wir fliehen nicht immer bei Bedrohung und Hindernisse sind nicht notwendigerweise mit Ärger verbunden, kurz, eine feste Zuordnung von Ereignissen, Emotionen und Verhaltensweisen ist nicht gegeben. Allgemeingültig lässt sich am ehesten festhalten, was wir bereits festgestellt haben: Positiv bewertete Ereignisse aktivieren uns mehr oder weniger und setzen damit Verhalten in Gang, diese zu behalten oder zu erreichen (appetitives Motivationssystem), während negative Ereignisse uns ebenfalls mehr oder weniger aktivieren können, allerdings dann, um ihnen im Sinne eines Vermeidungsverhaltens aus dem Weg zu gehen (aversives Motivationssystem).

13.3 Soziale Funktion von Emotionen

Emotionale Ansteckung

Emotionen sind ein wesentlicher Faktor der Beziehungsgestaltung. Das trifft nicht nur auf zwischenmenschliche Beziehungen zu, sondern auch auf Beziehungen zu Tieren oder sogar zu Sachen. Sie

13

zeigen uns Bedeutsamkeit an und dienen gleichzeitig als Kommunikationsmittel. Sie zeigen an, wie wir uns fühlen und eröffnen damit die Möglichkeit für andere, darauf zu reagieren, Mitgefühl zu zeigen, zu helfen, wenn es nötig ist oder sich lieber fern zu halten. Die Art und Weise, wie wir Emotionen zeigen (*display rules*; Ekman und Friesen 1969), ist dabei stark kulturell geprägt (Matsumoto 2006). Die Bedeutung von Emotionen als Kommunikationsmittel lässt sich schon daran ablesen, dass wir beispielsweise emotionale Erlebnisse, die wir allein erleben, sehr viel weniger ausdrücken, als wenn wir ein Publikum haben (vgl. auch Holodynski und Friedlmeier 2006). Freuen wir uns allein, dann geschieht dies viel ruhiger, als wenn wir das in einer Gruppe erleben. Das hat wiederum Auswirkungen auf unser eigenes Erleben. Sich mit anderen zu freuen steigert die Freude. Das Gleiche gilt allerdings auch für Leiden. Wenn wir mit anderen die gleichen Emotionen teilen, sprechen wir auch von emotionaler Ansteckung (*emotional contagion*; Hatfield et al. 1994). Wir neigen allgemein dazu, die wahrgenommene Emotion einer anderen Person zu übernehmen. Dies kann kontrolliert und absichtlich erfolgen, z. B. wenn man sich in die andere Person hineinversetzt. Häufig geschieht es aber automatisch. Dabei imitieren wir unwillkürlich den Gesichtsausdruck, die Körperhaltung, die Stimme unseres Gegenübers, um emotional mit der anderen Person zu konvergieren (Hatfield et al. 1992), was auch als automatische Form der Empathie angesehen werden kann (Hoffmann 1982; vgl. auch *Chamäleon-Effekt* ▶ Abschn. 3.1).

Wir können mit Fischer und Manstead (2008) allgemein zwei wesentliche soziale Funktionsbereiche von Emotionen unterscheiden. Die „affiliative Funktion" (*affiliation function*) von Emotionen besteht darin, soziale Beziehungen herzustellen und zu vertiefen. Liebe, Mitgefühl, Traurigkeit dienen beispielsweise dazu, die soziale Distanz zu verringern und die soziale Bindung zu stärken. Die soziale Distanzierungsfunktion (*social distancing function*) besteht dagegen darin, sich selbst oder die Bezugsgruppe von anderen zu differenzieren und mit diesen um Macht und Status zu wetteifern. So kann der offene Ausdruck von Geringschätzung als direkter Hinweis auf Unterschiede im sozialen Status angesehen werden. Schadenfreude dient ebenfalls zur sozialen Distanzierung. Emotionen sind also sowohl pro- als auch antisozial, denken wir beispielsweise an Ärger, Eifersucht oder Missachtung (Fischer und Manstead 2008). Ganz ähnlich fassen Keltner und Haidt (1999) die besondere Rolle von Emotionen in dyadischen Interaktionen folgendermaßen zusammen: Der Emotionsausdruck

- hilft uns, die Emotionen, Werte und Absichten unseres Gegenübers zu erkennen,
- dient dazu, komplementäre bzw. reziproke Emotionen beim Gegenüber auszulösen,
- dient anderen als Abschreckung oder Anreiz.

Affiliative Funktion

Die soziale Funktion wiederum liegt darin, dass sie uns dabei helfen,

- Gruppengrenzen zu definieren und Gruppenmitglieder zu identifizieren,
- Gruppenrollen und -status zu definieren,
- Gruppenprobleme zu bewältigen.

Emotion und Kultur

Auf kultureller Ebene dienen uns Emotionen dazu, kulturelle Identitäten einzunehmen. Allein der Blick darauf, worüber bei uns gelacht wird und woanders womöglich nicht, zeigt den engen Zusammenhang zwischen Emotionen und Kultur an. Außerdem sind Emotionen als Teil der Sozialisationspraxis wichtig, damit Kinder die Normen und Werte einer Kultur lernen. Wir sind stolz auf Dinge, die wichtig sind und schämen uns für Normverletzungen. Auf diese Weise sind Emotionen dann auch bei der Entwicklung und Weitergabe von sozialen Machtstrukturen beteiligt.

❓ Prüfungsfragen

1. Wie hängen Emotionen und Aufmerksamkeitsprozesse voneinander ab?
2. Welcher Zusammenhang besteht zwischen Gedächtnis und Emotionen?
3. Wie beeinflussen Emotionen unsere Informationsverarbeitung?
4. Was versteht man unter dem Mood Congruency Effekt?
5. Worüber informieren uns Emotionen?
6. Welche Rolle spielen Emotionen im sozialen Kontext?
7. Wie können Emotionen dazu dienen, Gruppenregeln zu definieren? Erläutern Sie das an einem Beispiel.
8. Wie können Emotionen sozialen Status kommunizieren? Erläutern Sie das an einem Beispiel.
9. Was versteht man unter emotionaler Ansteckung? Wozu dient diese?
10. Was kommunizieren wir über unseren Emotionsausdruck? Warum ist das wichtig?
11. Inwiefern sagen Emotionen etwas über die Werte und Normen einer Kultur aus? Geben Sie dazu ein Beispiel.

Zusammenfassung

- Emotionen geben uns Auskunft über die Bedeutsamkeit von Ereignissen.
- Sie verändern die Wahrnehmung und steuern unsere Aufmerksamkeit.

- Positive Stimmung ist häufig mit einer eher oberflächlichen Informationsverarbeitung verbunden, negative Stimmung dagegen eher mit einer elaborierten Verarbeitung.
- Stimmungskongruente Reize werden bevorzugt verarbeitet.
- Emotionen unterbrechen auch laufende Prozesse der Informationsverarbeitung und passen sie an die veränderten Umstände an.
- Emotionale Ereignisse werden besser behalten und erinnert.
- Gedächtnisinhalte (Vorwissen und Erfahrungen) sind selbst auch bei der Emotionsentstehung beteiligt.
- Wir nutzen Emotionen als Informationen darüber, wie es uns gerade geht und was relevant ist.
- Emotionen und Motivation sind eng miteinander verbunden.
- Positive Ereignisse aktivieren das appetitive Motivationssystem, negative Ereignisse das aversive Motivationssystem.
- Emotionen spielen in der Beziehungsgestaltung eine wesentliche Rolle.
- Emotionen haben eine soziale Funktion, bei der Gruppenverhalten reguliert wird.
- Unter emotionaler Ansteckung versteht man die (automatische) Tendenz, sein Gegenüber emotional zu imitieren, um emotional mit der anderen Person zu konvergieren.
- Emotionen besitzen auch eine kulturelle Dimension, weil sie beispielsweise an der Vermittlung von Normen und Werten beteiligt sind.

Schlüsselbegriffe

Affiliative Funktion von Emotionen, Aufmerksamkeitssteuerung von Emotionen, emotionale Ansteckung, emotionale Stroop-Aufgabe, Emotionen als Kommunikationsmittel, informative Funktion von Emotionen, Kultur, Mood-congruency-Effekt, Relevanz von Ereignissen, sekundärer Bewältigungsprozess, soziale Distanzierung, soziale Funktion von Emotionen, stimmungsabhängige Informationsverarbeitung, Tunnel-Gedächtnis

Literatur

Anderson, A. K. (2005). Affective influences on the attentional dynamics supporting awareness. *Journal of Experimental Psychology: General, 134*(2), 258–281.

Bless, H., Bohner, G., Schwarz, N., & Strack, F. (1990). Mood and persuasion a cognitive response analysis. *Personality and Social Psychology Bulletin, 16*(2), 331–345.

Bower, G. H. (1981). Mood and memory. *American Psychologist, 36*(2), 129–148.

Bower, G. H. (1992). How might emotions affect learning? In S. Christianson (Hrsg.), *The handbook of emotion and memory: Research and theory* (S. 3–31). Hillsdale: Lawrence Erlbaum Associates.

Christianson, S.-A. (1992). *The handbook of emotion and memory: Research and theory*. Hillsdale: Lawrence Erlbaum Associates.

Donovan, R. J., Rossiter, J. R., Marcoolyn, G., & Nesdale, A. (1994). Store atmosphere and purchasing behavior. *Journal of Retailing, 70*(3), 283–294.

Ekman, P., & Friesen, W. V. (1969). The repertoire of nonverbal behavior: Categories, origins, usage, and coding. *Semiotica, 1*(1), 49–98.

Fischer, A. H., & Manstead, A. S. R. (2008). Social functions of emotion. In M. Lewis, J. M. Haviland-Jones, & L. F. Barrett (Hrsg.), *Handbook of emotions* (S. 456–468). New York: Guilford Press.

Forgas, J. P., & Bower, G. H. (1987). Mood effects on person-perception judgments. *Journal of Personality and Social Psychology, 53*(1), 53–60.

Hatfield, E., Cacioppo, J., & Rapson, R. (1992). Primitive emotional contagion. In M. Clark (Hrsg.), *Review of personality and social psychology: Emotion and social behavior* (Bd. 14, S. 151–177). Newbury Park: Sage.

Hatfield, E., Cacioppo, J. T., & Rapson, R. L. (1994). *Emotional contagion*. Cambridge: University Press.

Hoffmann, M. L. (1982). Development of prosocial motivation: Empathy and guilt. In N. Eisenberg (Hrsg.), *The development of prosocial behavior* (S. 281–313). New York: Academic.

Holodynski, M., & Friedlmeier, W. (2006). *Development of emotions and emotion regulation*. Springer Science & Business Media, New York.

Isen, A. M., Daubman, K. A., & Nowicki, G. P. (1987). Positive affect facilitates creative problem solving. *Journal of Personality and Social Psychology, 52*(6), 1122–1131.

Keltner, D., & Haidt, J. (1999). Social functions of emotions at four levels of analysis. *Cognition and Emotion, 13*(5), 505–521.

LaBar, K. S., & Cabeza, R. (2006). Cognitive neuroscience of emotional memory. *Nature Reviews Neuroscience, 7*(1), 54–64.

Lazarus, R. S. (1966). *Psychological stress and the coping process*. New York: McGraw-Hill.

Lien, N.-H. (2001). Elaboration likelihood model in consumer research: A review. *Proceedings of the National Science Council Part C: Humanities and Social Sciences, 11*(4), 301–310.

Mandler, G. (1964). *The interruption of behavior. Nebraska Symposium on Motivation, 12,* 163–219.

Matsumoto, D. (2006). Culture and nonverbal behavior. In V. Manusov & M. L. Patterson (Hrsg.), *The Sage handbook of nonverbal communication* (S. 219–235). Thousand Oaks: Sage Publications.

McGaugh, J. L. (2004). The Amygdala Modulates the Consolidation of Memories of Emotionally Arousing Experiences. *Annual Review of Neuroscience, 27*(1), 1–28.

Petty, R. E., & Cacioppo, J. T. (1986). The elaboration likelihood model of persuasion. In L. Berkowitz (Hrsg.), *Advances in experimental social psychology* (Bd. 19, S. 123–205). New York: Academic.

Plutchik, R. (2001). The nature of emotions: Human emotions have deep evolutionary roots, a fact that may explain their complexity and provide tools for clinical practice. *American Scientist, 89*(4), 344–350.

Pratto, F., & John, O. P. (1991). Automatic vigilance: The attention-grabbing power of negative social information. *Journal of Personality and Social Psychology, 61*(3), 380–391.

Rucker, D. D., & Petty, R. E. (2004). Emotion specificity and consumer behavior: Anger, sadness, and preference for activity. *Motivation and Emotion, 28*(1), 3–21.

13

Safer, M. A., Christianson, S.-Å., Autry, M. W., & Österlund, K. (1998). Tunnel memory for traumatic events. *Applied Cognitive Psychology, 12*(2), 99–117.

Scherer, K. R. (1982). Emotion as a process: Function, origin and regulation. *Social Science Information/sur les sciences sociales, 21*(4–5), 555–570.

Schimmack, U. (2005). Attentional interference effects of emotional pictures: Threat, negativity, or arousal? *Emotion, 5*(1), 55–66.

Schwarz, N. (2012). Feelings-as-information theory. In P. A. M. Van Lange, A. Kruglanski, & E. T. Higgins (Hrsg.), *Handbook of theories of social psychology* (S. 289–308). Thousand Oaks: Sage.

Strauss, G. P., & Allen, D. N. (2006). The experience of positive emotion is associated with the automatic processing of positive emotional words. *The Journal of Positive Psychology, 1*(3), 150–159.

Stroop, J. (1935). Studies of interference in serial verbal reactions. *Journal of Experimental Psychology, 18*, 643–662.

Williams, J. M. G., Mathews, A., & MacLeod, C. (1996). The emotional Stroop task and psychopathology. *Psychological Bulletin, 120*(1), 3–24.

Yiend, J. (2010). The effects of emotion on attention: A review of attentional processing of emotional information. *Cognition and Emotion, 24*(1), 3–47.